STUDY PLAN SHEET スタディプランシート

効率的で，かつ効果的な学習の方法として，目標を細分化して取り組むという方法があります。このSTUDY PLAN SHEETを使って，
目標を細かく設定しながら進めていきましょう。

Week1

学習日
／
（　）
～
／
（　）

今週の学習予定

今週の学習時間目標

月	火	水	木	金	土	日
分	分	分	分	分	分	分

★30分ごとに1マス塗りつぶそう！

5h
10h
15h

ニガテ項目を書き出して復習しよう！

Week2

学習日
／
（　）
～
／
（　）

今週の学習予定

今週の学習時間目標

月	火	水	木	金	土	日
分	分	分	分	分	分	分

★30分ごとに1マス塗りつぶそう！

5h
10h

ニガテ項目を書き出して復習しよう！

Week3

学習日
／
（　）
～
／
（　）

今週

週の学習時間目標

	火	水	木	金	土	日
分	分	分	分	分	分	分

★30分ごとに1マス塗りつぶそう！

5h
10h
15h

ニガテ項目を書き出して復習しよう！

Week4

学習日
／
（　）
～
／
（　）

今週の学習予定

今週の学習時間目標

月	火	水	木	金	土	日
分	分	分	分	分	分	分

★30分ごとに1マス塗りつぶそう！

5h
10h
15h

ニガテ項目を書き出して復習しよう！

▶キリトリ線

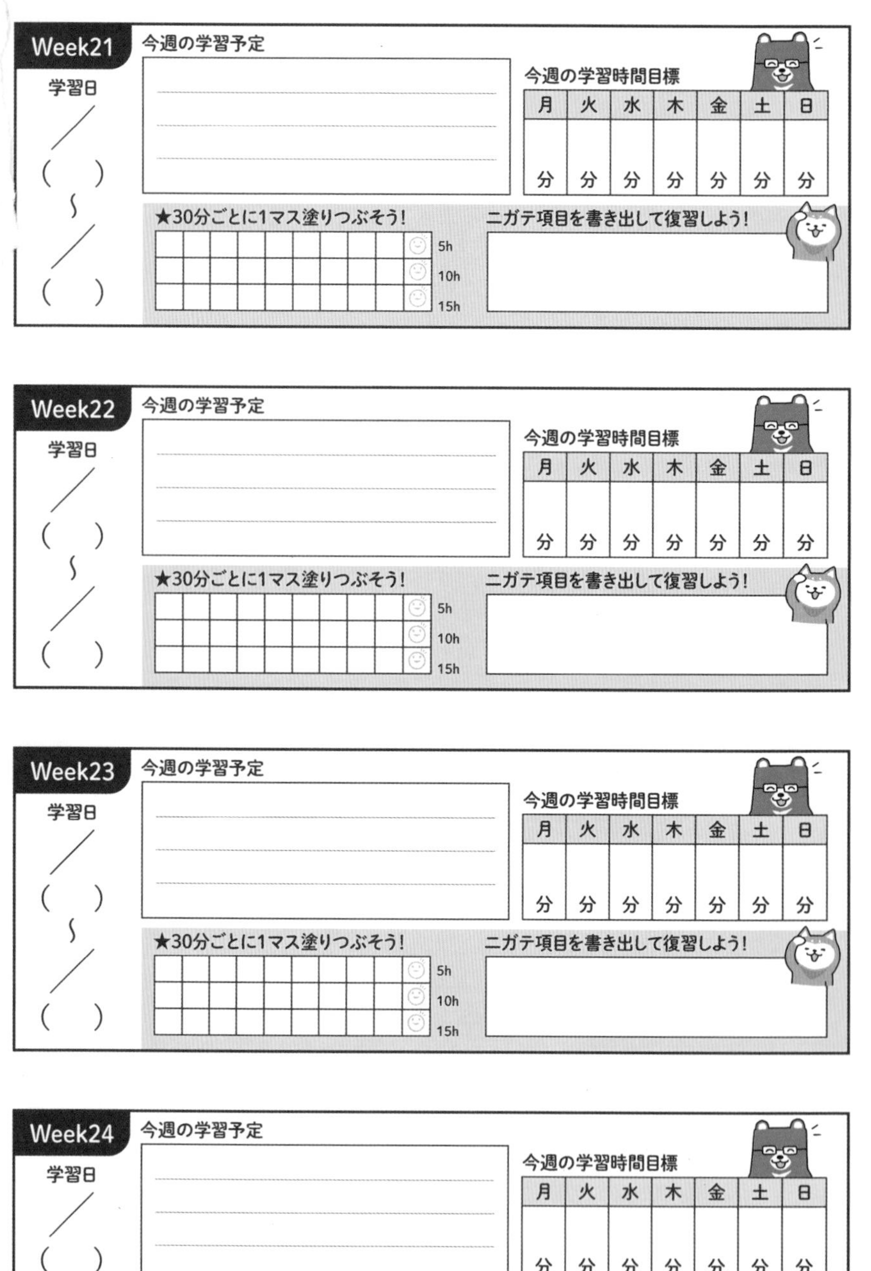

Week21

学習日

／（　　）〜／（　　）

今週の学習予定

今週の学習時間目標

月	火	水	木	金	土	日
分	分	分	分	分	分	分

★30分ごとに1マス塗りつぶそう！

5h
10h
15h

ニガテ項目を書き出して復習しよう！

Week22

学習日

／（　　）〜／（　　）

今週の学習予定

今週の学習時間目標

月	火	水	木	金	土	日
分	分	分	分	分	分	分

★30分ごとに1マス塗りつぶそう！

5h
10h
15h

ニガテ項目を書き出して復習しよう！

Week23

学習日

／（　　）〜／（　　）

今週の学習予定

今週の学習時間目標

月	火	水	木	金	土	日
分	分	分	分	分	分	分

★30分ごとに1マス塗りつぶそう！

5h
10h
15h

ニガテ項目を書き出して復習しよう！

Week24

学習日

／（　　）〜／（　　）

今週の学習予定

今週の学習時間目標

月	火	水	木	金	土	日
分	分	分	分	分	分	分

★30分ごとに1マス塗りつぶそう！

5h
10h
15h

ニガテ項目を書き出して復習しよう！

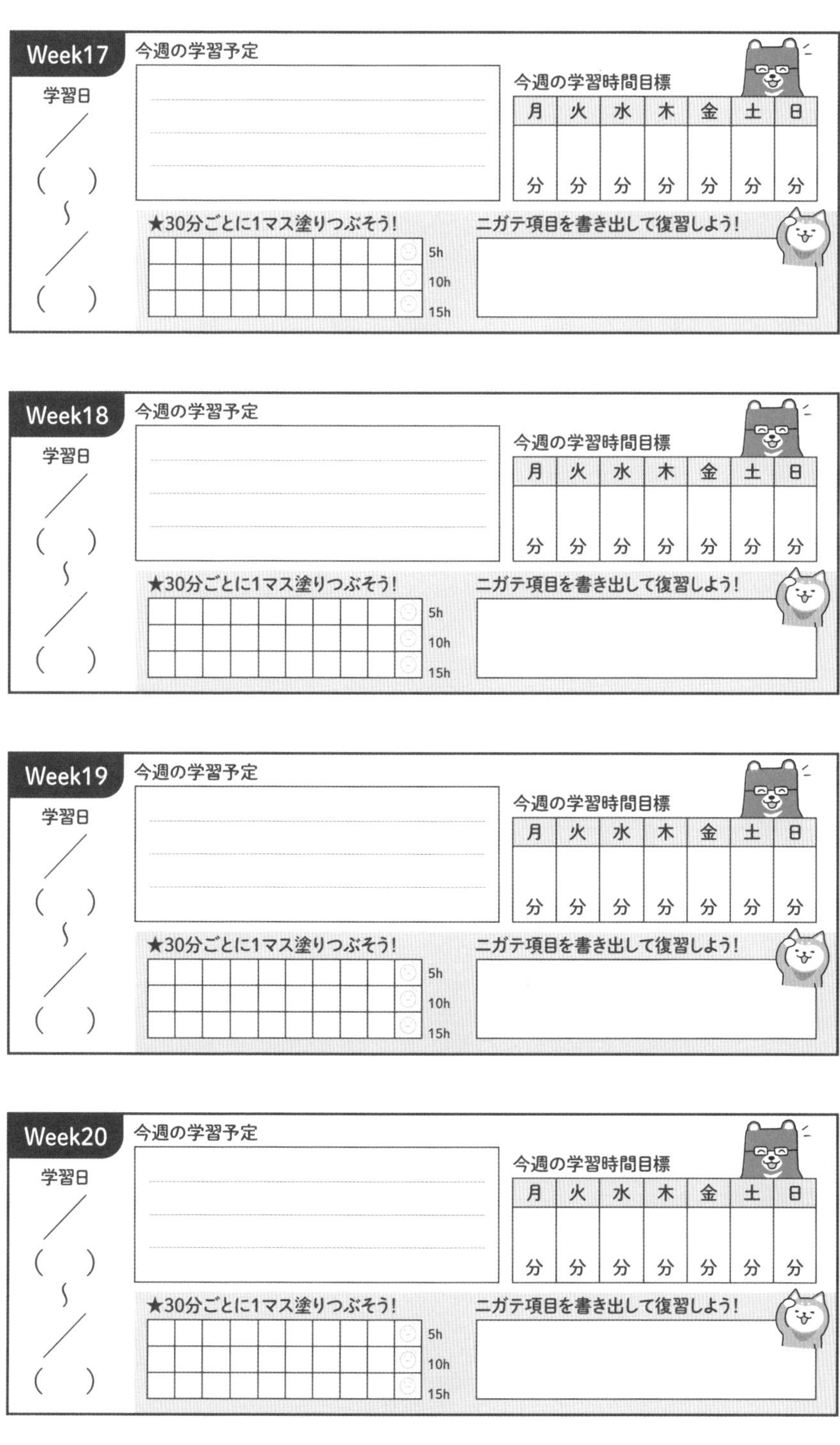
Week17
学習日
今週の学習予定
今週の学習時間目標
月
火
水
木
金
土
日
分
分
分
分
分
分
分
★30分ごとに1マス塗りつぶそう!
5h
10h
15h
ニガテ項目を書き出して復習しよう!
Week18
学習日
今週の学習予定
今週の学習時間目標
月
火
水
木
金
土
日
分
分
分
分
分
分
分
★30分ごとに1マス塗りつぶそう!
5h
10h
15h
ニガテ項目を書き出して復習しよう!
Week19
学習日
今週の学習予定
今週の学習時間目標
月
火
水
木
金
土
日
分
分
分
分
分
分
分
★30分ごとに1マス塗りつぶそう!
5h
10h
15h
ニガテ項目を書き出して復習しよう!
Week20
学習日
今週の学習予定
今週の学習時間目標
月
火
水
木
金
土
日
分
分
分
分
分
分
分
★30分ごとに1マス塗りつぶそう!
5h
10h
15h
ニガテ項目を書き出して復習しよう!

使い方
本書の目次を見ながら，その週に学ぶ項目を書きましょう
日付と曜日を書き込みましょう
30分学習するごとに1マス塗りつぶしましょう。1週間で自分がどれぐらい学習したかが一目でわかります
1週間の学習時間の目標を記入しましょう。毎日じゃなくてもよいので，「この日は勉強時間を確保する！」という予定を決めておくと学習意欲も高まります。
ニガテな項目はそのままにせず，書き出しておいて，あとで復習しましょう
Week5
学習日
今週の学習予定
今週の学習時間目標
月 火 水 木 金 土 日
分 分 分 分 分 分 分
★30分ごとに1マス塗りつぶそう！
5h
10h
15h
ニガテ項目を書き出して復習しよう！
Week6
学習日
今週の学習予定
今週の学習時間目標
月 火 水 木 金 土 日
分 分 分 分 分 分 分
★30分ごとに1マス塗りつぶそう！
5h
10h
15h
ニガテ項目を書き出して復習しよう！
Week7
学習日
今週の学習予定
今週の学習時間目標
月 火 水 木 金 土 日
分 分 分 分 分 分 分
★30分ごとに1マス塗りつぶそう！
5h
10h
15h
ニガテ項目を書き出して復習しよう！
Week8
学習日
今週の学習予定
今週の学習時間目標
月 火 水 木 金 土 日
分 分 分 分 分 分 分
★30分ごとに1マス塗りつぶそう！
5h
10h
15h
ニガテ項目を書き出して復習しよう！

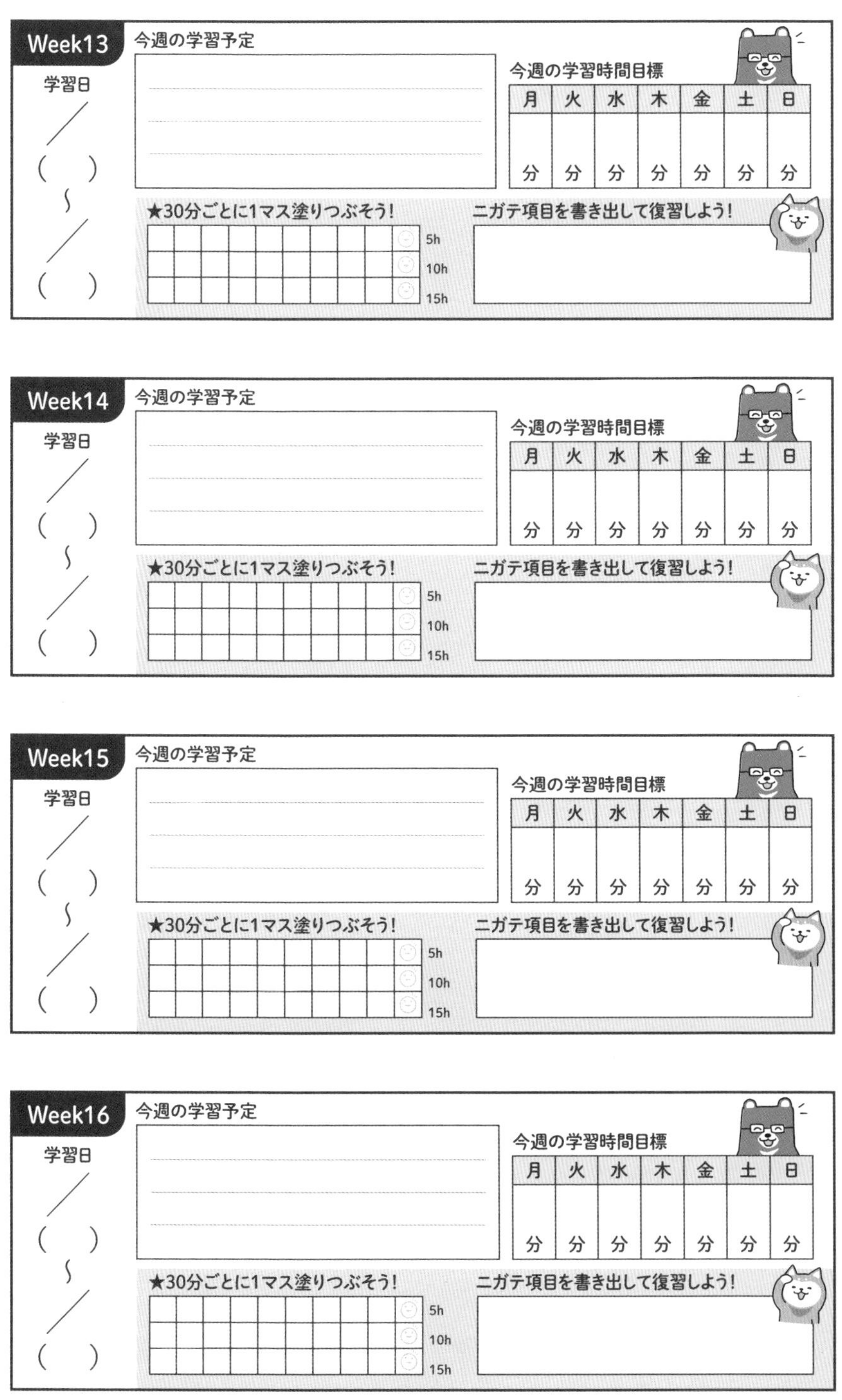
Week13
学習日
今週の学習予定
今週の学習時間目標
月 火 水 木 金 土 日
分 分 分 分 分 分 分
★30分ごとに1マス塗りつぶそう!
5h
10h
15h
ニガテ項目を書き出して復習しよう!
Week14
学習日
今週の学習予定
今週の学習時間目標
月 火 水 木 金 土 日
分 分 分 分 分 分 分
★30分ごとに1マス塗りつぶそう!
5h
10h
15h
ニガテ項目を書き出して復習しよう!
Week15
学習日
今週の学習予定
今週の学習時間目標
月 火 水 木 金 土 日
分 分 分 分 分 分 分
★30分ごとに1マス塗りつぶそう!
5h
10h
15h
ニガテ項目を書き出して復習しよう!
Week16
学習日
今週の学習予定
今週の学習時間目標
月 火 水 木 金 土 日
分 分 分 分 分 分 分
★30分ごとに1マス塗りつぶそう!
5h
10h
15h
ニガテ項目を書き出して復習しよう!

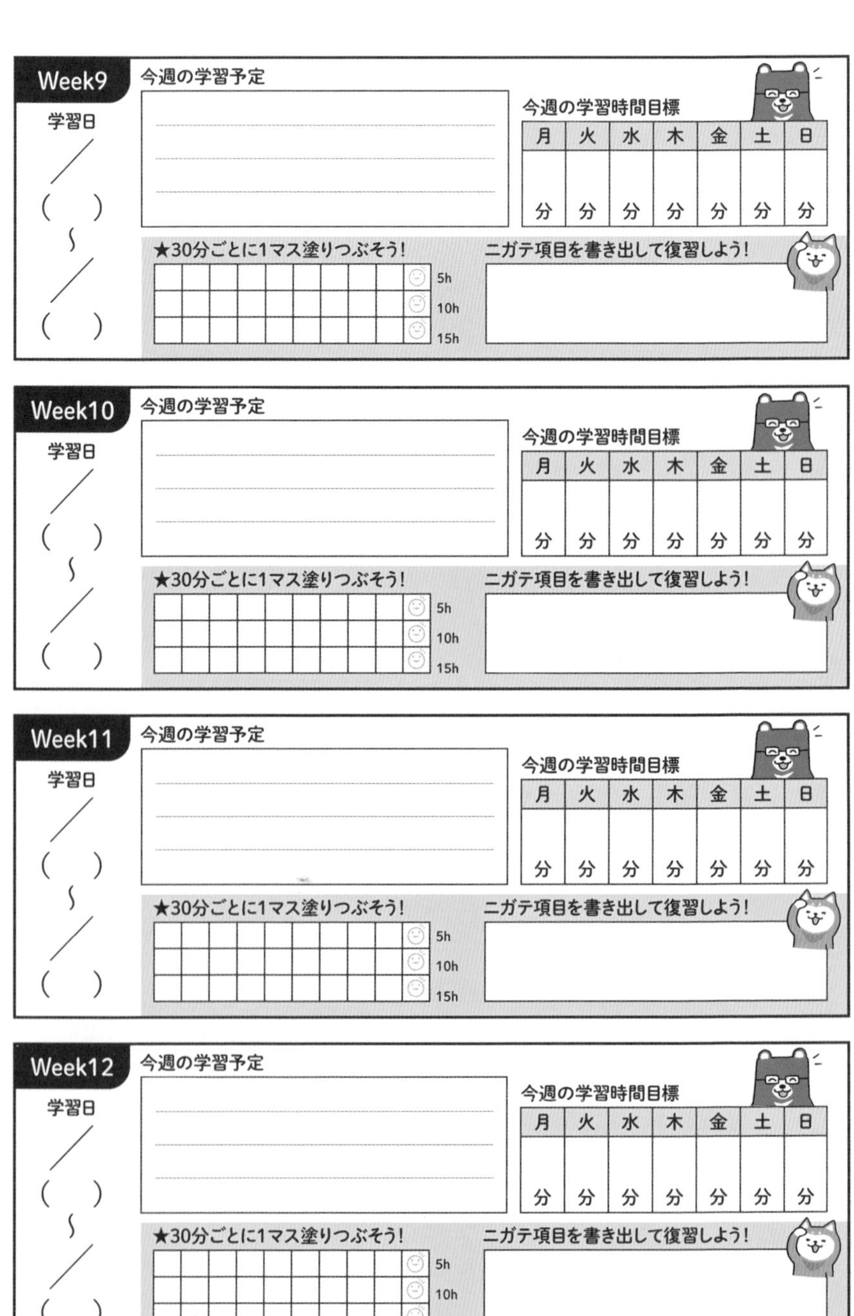

Week9
学習日
／
(　　)
〜
／
(　　)

今週の学習予定

今週の学習時間目標

月	火	水	木	金	土	日
分	分	分	分	分	分	分

★30分ごとに1マス塗りつぶそう！
5h
10h
15h

ニガテ項目を書き出して復習しよう！

Week10
学習日
／
(　　)
〜
／
(　　)

今週の学習予定

今週の学習時間目標

月	火	水	木	金	土	日
分	分	分	分	分	分	分

★30分ごとに1マス塗りつぶそう！
5h
10h
15h

ニガテ項目を書き出して復習しよう！

Week11
学習日
／
(　　)
〜
／
(　　)

今週の学習予定

今週の学習時間目標

月	火	水	木	金	土	日
分	分	分	分	分	分	分

★30分ごとに1マス塗りつぶそう！
5h
10h
15h

ニガテ項目を書き出して復習しよう！

Week12
学習日
／
(　　)
〜
／
(　　)

今週の学習予定

今週の学習時間目標

月	火	水	木	金	土	日
分	分	分	分	分	分	分

★30分ごとに1マス塗りつぶそう！
5h
10h
15h

ニガテ項目を書き出して復習しよう！

FP3級を
ひとつひとつわかりやすく。

教科書

[著] 益山真一

Gakken

[デジタル特典] 書きこめるPDFのダウンロード方法

①右のQRコードかURLから
「Gakken Book Contents Library」にアクセスしてください。
https://gbc-library.gakken.jp/

②Gakken IDでログインしてください。
Gakken IDをお持ちでない方は新規登録をお願いします。

③ログイン後、「コンテンツ追加＋」ボタンから
下記IDとPASSを入力してください。

ID **g79xw**
PASS **wpfg7e4a**

Gakken IDのID・PASSと、
コンテンツ追加用のID・PASSは
異なるから注意してね！

④書籍の登録が完了すると，マイページにダウンロードコンテンツが
表示されますので，そこからご使用いただくことができます。

無料のWEBアプリで過去問対策

FP 3級の過去問をWEBアプリで学習しましょう。アプリ上で選択肢を選んで回答していくので、CBT形式のイメージを体験できます。なお、本アプリ上には、実際のCBT形式とは異なり、電卓は表示されないため、電卓はご自身でご用意ください。

※WEBアプリでは、日本FP協会の過去問のみ掲載しています。
※掲載する過去問の年度は、追加更新する場合があります。

【アプリのご利用方法】

スマートフォン・タブレットで以下のQRコードを読み込み、LINEアカウントで認証・ログインいただくことで、過去問がクイズ形式で解けるWEBアプリをご利用いただけます。

※ご利用にはLINEアカウントが必要となります。
※アプリのご利用は無料ですが通信料はお客様のご負担になります。
※掲載する過去問は、随時更新されることがあります。
※ご提供は予告なく終了することがあります。

◆「資格をひとつひとつ」シリーズの公式サイトで最新情報をチェックしましょう
https://gakken-ep.jp/extra/shikaku-hitotsu/

※QRコードは株式会社デンソーウェーブの登録商標です。

はじめに

FP３級は、日々の暮らしで役に立つ、お金に関する知識の宝庫です。
お金を通して年金、投資、税金など、世の中の仕組みがわかる資格です。

日常でも、
「人生ってどれくらいお金がかかるんだろう？」
「年金っていくらもらえるの？」
「税金高くない？」
なんて会話をすることが多いはず。

そんなときに役に立つのがFP３級の知識。
お金の心配に対する対応の仕方がわかっていれば、安心できますよね？

ただ「資格の勉強をする！」「受検する！」なんて考えると、ちょっと重苦しくなってしまいがち。そこで「もっと気軽に、楽しく学べる本は作れないかな」というのが本書を作るきっかけになりました。

本書『FP３級をひとつひとつをわかりやすく。』で目指したのは、まずムズカシイ本ではないこと。マンガを読むような気軽さで、スイスイ読めて……それなのに知識はちゃんと身に付く、という本を目指しました。

このため、合格に必要かつ出題頻度の高い項目を厳選、無駄を省いて圧倒的なスピードで学べるように構成してあります。学習項目もイラスト・図解で解説してありますから、「ながめる」だけで学べるようになっています。

そして、学んだ知識はすぐにアウトプットできるよう、隣のページに過去問題を例として掲載していますから、実際の試験でどう出題されるかがわかります。また問題には、解くためのポイントになる部分を赤文字で表記してあり、本書で素早く解答するための「目の付けどころ」になっています。

では、FP３級を「ひとつひとつわかりやすく」学んでいきましょう。
さあ、本編のページを開いて、合格への一直線へ！

１級FP技能士、CFP®認定者
益山 真一

この本の使い方

●単元のセレクト方針

出題頻度が高く、合格に必要な学習項目を中心に絞り込んでるので、圧倒的なスピードで合格レベルまで学習を進められます。

●やさしい要点解説

解説は、イラスト・図解で表現することで、見ただけでパッとわかるものに。ながめるだけで要点が把握できます。

●キャラクターナビゲーション

本書オリジナルキャラクターが学習をナビゲート。必要な情報や注意点をわかりやすく補足してくれます。

LESSON 59 所得税の確定申告と年末調整

所得税は1月1日から12月31日までを課税期間として所得金額、税額を計算し、原則として、住所地の所轄税務署長に対して、申告・納税します。

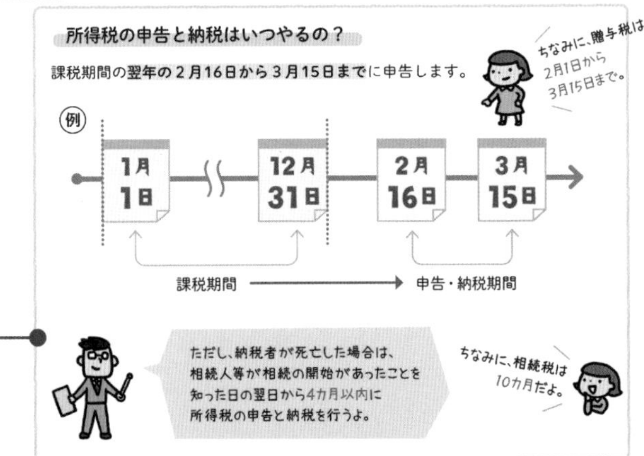

所得税の申告と納税はいつやるの？
課税期間の翌年の2月16日から3月15日までに申告します。
ちなみに、贈与税は2月1日から3月15日まで。
例
1月1日
12月31日
2月16日
3月15日
課税期間
申告・納税期間
ただし、納税者が死亡した場合は、相続人等が相続の開始があったことを知った日の翌日から4カ月以内に所得税の申告と納税を行うよ。
ちなみに、相続税は10カ月だよ。

年末調整を受けられない場合もあるの？

例えば**給与収入が2,000万円を超える**場合や**雑損控除**のほか、**医療費控除**、**寄附金控除**は年末調整を受けられません。ただし、ふるさと納税で、**寄附先の自治体が5以下**であり、ワンストップ特例制度を利用する給与所得者等は、確定申告をしなくても所得税の軽減分について翌年度の住民税から控除を受けることができます。

146

●別冊

別冊では苦手克服のため、実技試験の計算・資料の読み解き問題を収録。最短距離で正解するためのポイントを解説します。

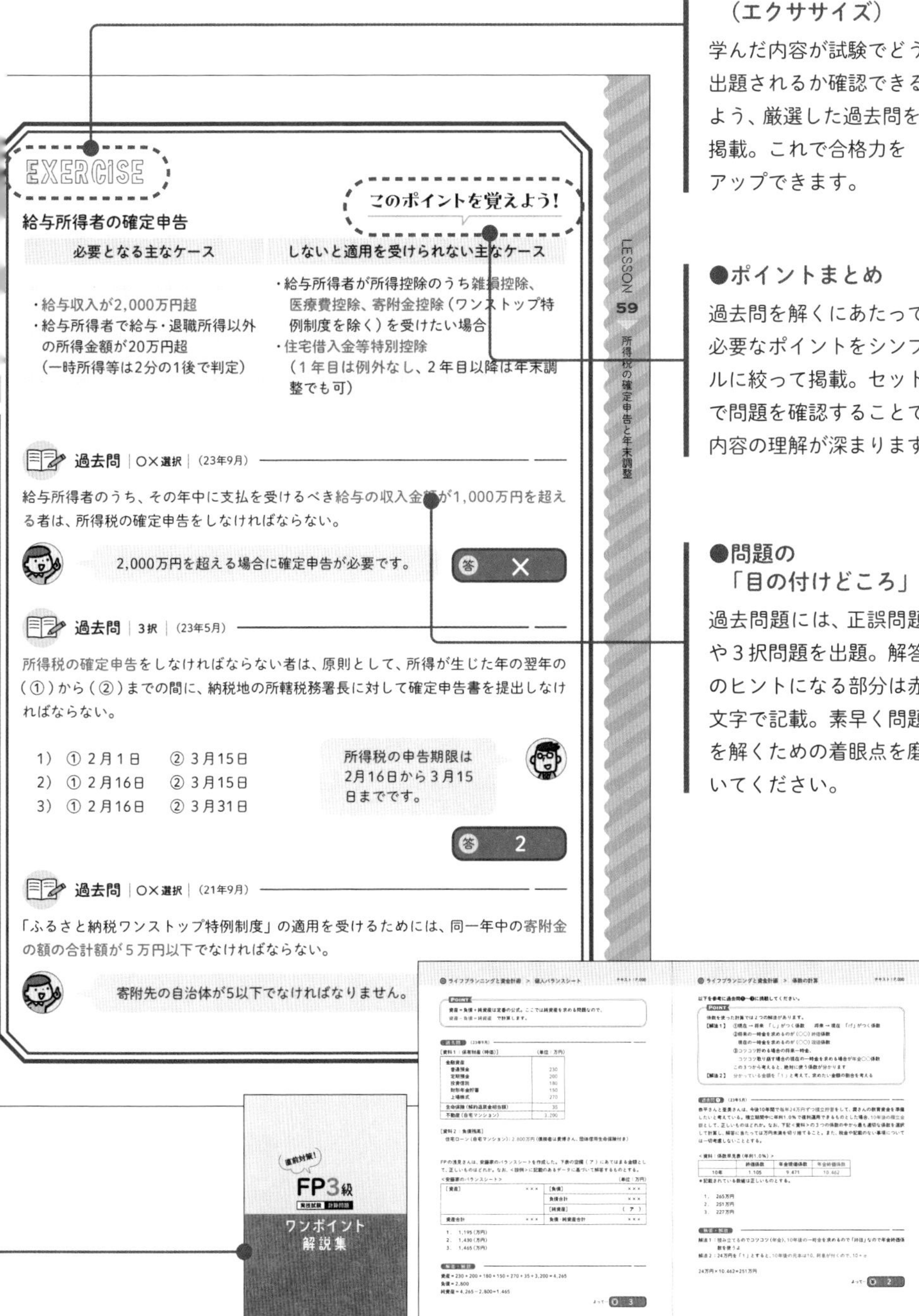

EXERCISE
給与所得者の確定申告
このポイントを覚えよう!
必要となる主なケース
しないと適用を受けられない主なケース
・給与収入が2,000万円超
・給与所得者で給与・退職所得以外の所得金額が20万円超
(一時所得等は2分の1後で判定)
・給与所得者が所得控除のうち雑損控除、医療費控除、寄附金控除(ワンストップ特例制度を除く)を受けたい場合
・住宅借入金等特別控除
(1年目は例外なし、2年目以降は年末調整でも可)
過去問 | ○×選択 | (23年9月)
給与所得者のうち、その年中に支払を受けるべき給与の収入金額が1,000万円を超える者は、所得税の確定申告をしなければならない。
2,000万円を超える場合に確定申告が必要です。
答 ×
過去問 | 3択 | (23年5月)
所得税の確定申告をしなければならない者は、原則として、所得が生じた年の翌年の(①)から(②)までの間に、納税地の所轄税務署長に対して確定申告書を提出しなければならない。
1) ① 2月1日 ② 3月15日
2) ① 2月16日 ② 3月15日
3) ① 2月16日 ② 3月31日
所得税の申告期限は2月16日から3月15日までです。
答 2
過去問 | ○×選択 | (21年9月)
「ふるさと納税ワンストップ特例制度」の適用を受けるためには、同一年中の寄附金の額の合計額が5万円以下でなければならない。
寄附先の自治体が5以下でなければなりません。
LESSON 59
所得税の確定申告と年末調整
直前対策!
FP3級
ワンポイント解説集

●EXERCISE(エクササイズ)

学んだ内容が試験でどう出題されるか確認できるよう、厳選した過去問を掲載。これで合格力をアップできます。

●ポイントまとめ

過去問を解くにあたって必要なポイントをシンプルに絞って掲載。セットで問題を確認することで内容の理解が深まります。

●問題の「目の付けどころ」

過去問題には、正誤問題や3択問題を出題。解答のヒントになる部分は赤文字で記載。素早く問題を解くための着眼点を磨いてください。

FP3級ってどんな資格？

超初心者の方向けに、ここではFP3級について紹介していきます。

FPってどんな資格？

A. FPとは、ファイナンシャル・プランナー（Financial Planner）の略で、顧客のライフプランに合わせた資金計画を元に、保険や金融、不動産、相続などのアドバイスを行う専門家です。「マイホームを買う！」「子どもの教育資金を準備！」「家族が増えたし保険に入る！」といったライフイベントに即した計画表を立て、そのための資金がいくら必要で、どう資産形成をしていくか……を考えていく資格です。

お金に
詳しくなれる!

FP3級は何ができるの？

A. FP資格には、3級から1級まであります。その中で3級は、FPへの登竜門。基礎的な知識を学ぶ資格です。とはいえ、学習する範囲には金融や税制、それらに関わる法律など、幅広い知識が要求されます。このため、会社の総務や金融関係に努める人が取得するケースが多いようです。また、学生時代に取得して、就職活動に活かすという人もいます。

3級取得をきっかけに2級を、さらにプロ志向の1級に進む……という道も開けてきます。

ここからが
スタートですよ!

どんなことを学ぶの?

・ライフプランニングと資金計画
・リスク管理
・金融資産運用
・タックスプランニング
・不動産
・相続・事業承継

それぞれの内容は、本編で詳しく触れますが、人生で出くわす、お金の主要な問題が網羅されています。特に受検の際の出題傾向が高い「ライフプランニングと資金計画」は、この資格の中心テーマ。まずはここから学ぶことで、他の分野と連携して知識を深めていきます。

合格率はどのくらいなの?

試験実施団体である日本FP協会が試験ごとに発表している、近年の受検者と合格率は以下のようになっています。FP3級の合格率は、7～8割とかなり高い合格率。基礎をしっかり学習し、ポイントを絞って勉強すれば決して難しい試験ではありません。

		受検申請者数	受検者数	合格者数	合格率
学科	2024年1月	47,408	39,370	32,732	83.14%
	2023年9月	37,368	31,431	23,505	74.78%
	2023年5月	42,476	35,568	31,388	88.25%
実技	2024年1月	46,605	38,531	33,351	86.56%
	2023年9月	37,221	31,130	24,180	77.67%
	2023年5月	41,640	34,759	30,182	86.83%

FP資格の全体像について

FP資格には、国家資格のFP技能士（1級～3級）と、民間資格のAFP・CFP資格があります。

試験実施団体は2つあり、学科試験は共通ですが実技試験が両団体で異なります。
※本書は日本FP協会の試験内容に対応しています。

金財

一般社団法人
金融財政事情研究会

日本FP協会

NPO法人
日本ファイナンシャル・プランナーズ協会

学科試験（共通）

試験は、学科と実技に
分かれています

実技試験（3級の場合）

金財

個人資産相談業務
・「リスク管理」以外から出題

保険顧客資産相談業務
・「金融資産運用」「不動産」以外から出題

……などの試験から選択

金財は
金融や保険業に就く人が
受検する傾向があります。

日本FP協会

資産設計提案業務

本書では、6分野すべてから
出題される日本FP協会の
実技試験から問題を
セレクトしています！

●出題6分野
・ライフプランニングと資金計画
・リスク管理
・金融資産運用
・タックスプランニング
・不動産
・相続・事業承継

FP資格の ステップアップチャート

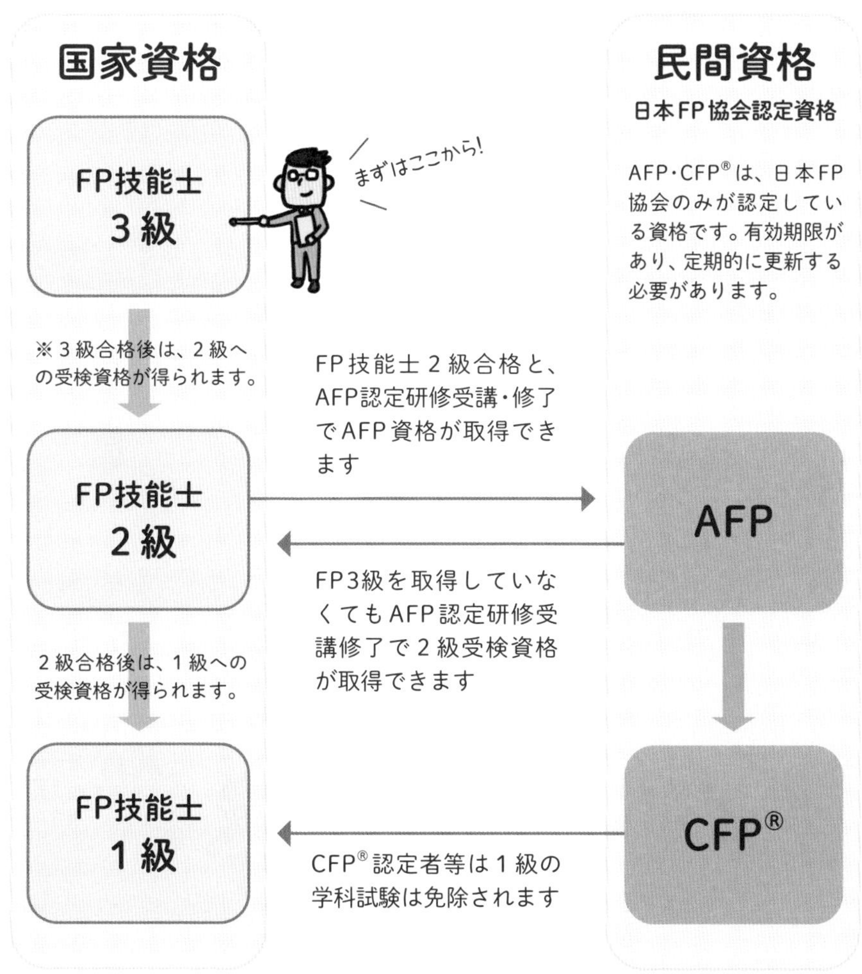

※FP 3級を取得していなくても以下に該当する場合はFP 2級の受検が可能です。

- 日本FP協会認定のAFP認定研修を修了した者
- 金融渉外技能審査3級合格者
- FP業務に関し2年以上の実務経験を有する者

AFP（Affiliated Financial Planner）：FP 2級程度の難易度で、CFP®の受検資格が得られます。
CFP®（Certified Financial Planner）：FP 1級と同等の難易度の高い資格。世界25カ国で導入されています。

FP3級試験の内容と日程

FP試験は、学科と実技に分かれ、両方に合格する必要があります。

FP3級試験の出題内容※

※日本FP協会の場合

学科試験	試験時間：90分 出題形式：○×式30問、3択式30問の計60問 合格基準：計60点満点で36点以上
実技試験	試験時間：60分 出題形式：3択式20問 合格基準：100点満点で60点以上

学科は36問正解、
実技は6割正解で
合格圏!

CBT方式の試験って何？

2024年度からFP3級試験はCBT方式（Computer Based Testing）の試験に移行しています。これは全国300カ所以上あるテストセンターで、パソコンを使って試験を受けるというもの。これにより年3回の受検チャンスが、通年で受けられるようになった他、試験日3日前までの受検申請が可能になりました。

CBT方式で
試験が受けやすくなった!

計算をするときは、
パソコン画面上の
電卓を使います。

※自分の電卓は持ち込めないので注意!

受験申請の流れ

1 Webサイトから受検申請

簡単だよ〜

［日本FP協会］

https://www.jafp.or.jp/exam/

2 受検者ページのアカウント作成

☑ 氏名
☑ 生年月日
☑ メールアドレス

を入力

試験スケジュール

試験日	合格発表日	法令基準日
2024年 7月 1日～ 7月31日	8月15日（木）	2024年4月1日
2024年 8月 1日～ 8月31日	9月13日（金）	
2024年 9月 1日～ 9月30日	10月15日（火）	
2024年10月 1日～ 10月31日	11月15日（金）	
2024年11月 1日～ 11月30日	12月13日（金）	
2024年12月 1日～ 12月26日	1月17日（金）	
2025年 1月 7日～ 1月31日	2月14日（金）	
2025年 2月 1日～ 2月28日	3月14日（金）	
2024年12月27日～2025年1月 6日 2025年 3月 1日～ 3月31日	試験休止期間	

［法令基準日］

試験問題は、法令基準日に施行（法令の効力発効）されている法令に基づいて出題されます。

2024年6月～2025年5月実施試験　　法令基準日：2024年4月1日

●最新の情報はWebサイトで確認しましょう

日本FP協会　https://www.jafp.or.jp/exam/

目標の細分化で合格に近づく スタディプランシート

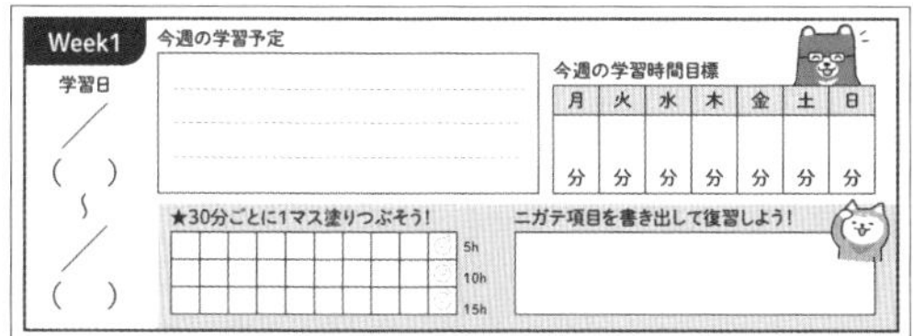

資格試験は積み重ねの学習が肝心です。そこで、本書に付属のスタディプランシートを活用し、目標を細分化、週ごとに学習する内容をあらかじめ決めて、結果を記録する計画的な学習をおすすめします。

③ 試験会場の場所、受検日を指定して予約

④ 受検手数料の支払い方法を選択

学科・実技試験

各4,000円（計8,000円）

支払い方法はクレジットカード、コンビニ決済、Pay-easyが利用できます。

CONTENTS

1章 ライフプランニングと資金計画

2章 リスク管理

金融資産運用

4章 タックスプランニング

不動産

6章 相続・事業承継

ライフプランニングと資金計画

この科目では、社会保険・年金や住宅資金・教育資金、FPとして仕事をするときに気をつけたいコンプライアンス、ライフプランニングの分析に作成する資料や試算に使う6つの係数など、幅広く学習します。

Q. コンプライアンスって何？

A 法令遵守ともいわれますが、ここではFPとして仕事をする際、税理士法、弁護士法、社会保険労務士法など、その資格を持つ専門家しかできない業務領域を侵すことがないように気をつけることをいいます。

だから、一番最初に学習しますよ。

Q. FPでいう「ライフプランニング」とは、どんなことをするの？

ライフプランニング
=人生の計画表だね!

A 現状の把握、問題や不安、悩み、将来の夢、目標を把握したり、収入、支出、資産、負債、保障等の状況を整理します。問題点を分析するために、ライフイベント表（人生計画表）、キャッシュフロー表（資金の流れの予測一覧表）、バランスシート（資産と負債、純資産の一覧表）を作成します。

日常の生活でも
役に立つ知識です!

Q. なぜ、ライフプランニングでは、社会保険や年金について学習するの？

A 日本では、最低限の生活保障を支える社会保険・年金制度を理解し、その上で足りない部分をどう手当てするかが重要だからです。具体的には、働くほか、資産運用、保険やローン、各種制度の活用です。人生の３大資金と言われる、老後資金、住宅資金、教育資金の手当ての方法もこの科目で学習します。

FPの職業倫理と業務領域とは?

FP（ファイナンシャル・プランナー）はお客様のライフプランの実現をお手伝いする専門家です。

税金、社会保険、法律、金融商品、不動産など、お金に関する幅広い知識を体系的に学習しますが、**専門資格者にしかできない業務もある**ので注意が必要です。

専門資格者の業務範囲を侵してはいけない！

具体的には、専門資格者にしかできない業務は次のようなものがあります。

税金の申告や、具体的な個別相談  無償での個別具体的相談もNG！

遺言の作成などの法律事務  単独で具体的な法律判断はNG

投資顧問契約  主観的なアドバイスはNG

社会保険の書類作成、提出の代行  実務はNG

保険の募集・勧誘  募集人、仲立人、金融サービス仲介業者以外はNG

そのほか、「お客様の利益を優先」「お客様の情報の守秘義務」「著作権への配慮（公的機関の資料は一般に承諾不要、民間の著作物は原則、承諾が必要）」などのコンプライアンスも重要だよ!!

EXERCISE

このポイントを覚えよう!

コンプライアンス

	できること	できないこと
税理士でない者	仮定・抽象的な相談	個別具体的相談 (有償・無償問わず)
弁護士でない者	弁護士を紹介 一般的な説明 遺言の証人、任意後見人	単独で具体的な 法律判断
投資助言・ 代理業者でない者	一般的な説明 客観的事実の説明	主観的助言 投資顧問・投資一任契約
社会保険労務士でない者	年金相談	社会保険の書類の作成・ 提出の代行
保険募集人等でない者	商品性の説明 必要保障額の試算	商品の募集・勧誘

過去問 | 3択 | (23年5月)

ファイナンシャル・プランニング業務を行うに当たっては、関連業法を順守することが重要である。ファイナンシャル・プランナー(以下「FP」という)の行為に関する次の記述のうち、最も不適切なものはどれか。

1. 税理士資格を有していないFPが、無料の相続相談会において、相談者の持参した資料に基づき、相談者が納付すべき相続税額を計算した。
2. 社会保険労務士資格を有していないFPが、顧客の「ねんきん定期便」等の資料を参考に、公的年金の受給見込み額を試算した。
3. 投資助言・代理業の登録を受けていないFPが、顧客が保有する投資信託の運用報告書に基づき、その記載内容について説明した。

解答・解説

1. 個別具体的な税務相談はできません。
2. 年金の試算はできます。
3. 客観的事実なので説明できます。

解答は、最も「不適切な」ものを選ぶんですよ。

答　1

キャッシュフロー表や個人バランスシートを作成

キャッシュフロー表は、現在の収支および今後のライフイベントをもとに将来の収支や貯蓄残高を試算して、問題点を洗い出す資料です。

キャッシュフロー表　4つの計算式

可処分所得＝収入－（所得税、住民税、社会保険料）

○年後の予想額＝現在の金額×（1＋変動率）^{経過年数}

年間収支＝収入－支出

貯蓄残高＝前年の貯蓄残高×（1＋変動率）±今年の年間収支

可処分所得とは？

可処分所得とは、自由に使える（＝可処分）収入（＝所得）、つまり手取額のことです。額面収入から自由に使えないお金（**所得税**、**住民税**、**社会保険料**）を引きます。

積立投資や生命保険料は引かないよ。
自由に使えるお金を使って支払うからね。

貯蓄残高の計算式はどう考える？

貯蓄残高の計算式は、まず前年のお金の元本と増えた割合（＝変動率）を算出して、これに今年の収支を足す、と考えればシンプルです。

個人バランスシートとは？

資産（プラスの財産）と負債（マイナスの財産）を一覧表にしたものです。
資産は時価、負債は残高を記載し、差額を純資産として表記します。

資産－負債＝純資産

EXERCISE

過去問 | 3択 | (23年9月)

下記は、小山家のキャッシュフロー表(一部抜粋)である。このキャッシュフロー表の空欄(ア)〜(ウ)にあてはまる数値として、誤っているものはどれか。なお、計算過程においては端数処理をせず計算し、計算結果については万円未満を四捨五入すること。

<小山家のキャッシュフロー表>　　(単位:万円)

経過年数			基準年	1年	2年	3年	4年
家族・年齢	小山　信介	本人	41歳	42歳	43歳	44歳	45歳
	美緒	妻	40歳	41歳	42歳	43歳	44歳
	健太郎	長男	9歳	10歳	11歳	12歳	13歳
	沙奈	長女	5歳	6歳	7歳	8歳	9歳
ライフイベント		変動率		自動車の買替え	沙奈 小学校入学		健太郎 中学校入学
収入	給与収入(本人)	1%	428	432	437	441	445
	給与収入(妻)	1%	402	406	410	414	418
	収入合計	−	830	838	847	855	863
支出	基本生活費	2%	287				(ア)
	住宅関連費	−	162	162	162	162	162
	教育費	−					
	保険料	−	48	48	48	48	48
	一時的支出	−		400			
	その他支出	−	60	60	60	60	60
	支出合計	−	627				
年間収支			(イ)		208		
金融資産残高		1%	823	627	(ウ)		

※年齢および金融資産残高は各年12月31日現在のものとする。
※給与収入は可処分所得で記載している。※記載されている数値は正しいものとする。
※問題作成の都合上、一部を空欄にしてある。

1.　(ア) 310　　2.　(イ) 203　　3.　(ウ) 841

解答・解説

1. (ア) 4年後、変動率2%なので、$287 \times (1 + 0.02)^4 \fallingdotseq 311$
2. (イ) 収支なので、$830 - 627 = 203$
3. (ウ) 前年の金融資産残高627万円、変動率1%、その年の年間収支が208万円なので、$627万円 \times (1 + 0.01) + 208 \fallingdotseq 841$

答　1

LESSON 3 6つの係数を使いこなそう

「６つの係数」を活用して、ライフプランの予算を立てたり試算することができます。目標額を貯めるために必要となる手元資金や毎年の積立額、貯蓄を一定期間にわたり取り崩すときの取崩額や、取り崩し額から必要となる貯蓄額等を求めることができます。

６つの係数　３パターン

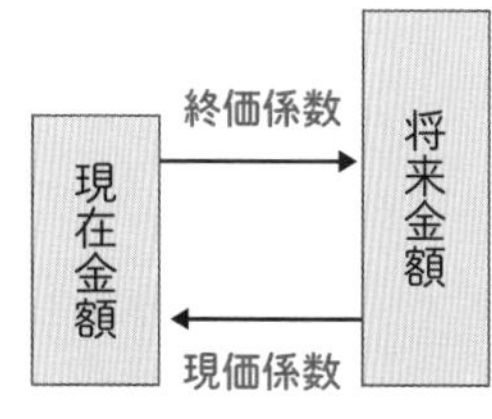

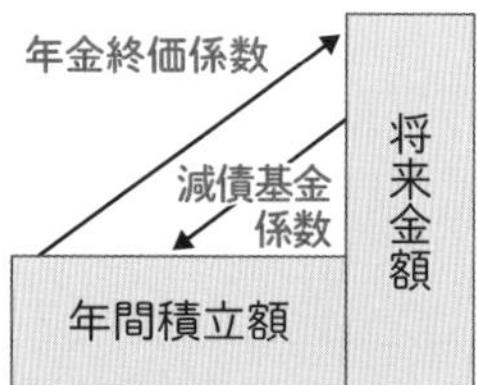

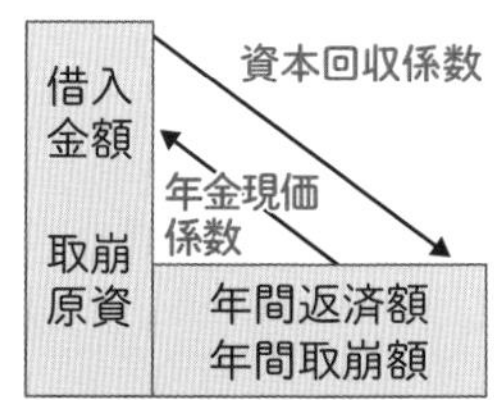

過去問題では係数表を使った計算の問題が出題されているね。
係数は「分かっている金額×○○係数」というように算出するよ。
係数の関係は上記の3パターンだけだよ！

「どの係数を使えばいいのか」は３つのコツで覚えよう！

求めたい数値との関係が…

▶現在→ 将来なら

「し」がつく係数を使う！

- 終価係数
- 年金終価係数
- 資本回収係数

▶将来→ 現在なら

「げ」がつく係数を使う！

- 現価係数
- 減債基金係数
- 年金現価係数

▶将来の一時金を求める場合

「終価」がつく係数を使う！

▶現在の一時金を求める場合

「現価」がつく係数を使う！

コツコツ貯める場合の将来の一時金、コツコツ取り崩す場合の現在の一時金を求める場合は…

「年金」がつく係数を使う！

分かっている金額を「1」と考えて、
求めたい金額の割合はどのくらいかを、
「期間」を使って考えると、覚えなくても算出できるよ。

EXERCISE

過去問 ｜3択｜（23年1月）

貴博さんは、60歳で定年を迎えた後、公的年金の支給が始まる65歳までの５年間の生活資金に退職一時金の一部を充てようと考えている。退職一時金のうち600万円を年利2.0％で複利運用しながら５年間で均等に取り崩すこととした場合、年間で取り崩すことができる最大金額として、正しいものはどれか。なお、下記＜資料＞の係数の中から最も適切な係数を選択して計算し、円単位で解答すること。また、税金や記載のない事項については一切考慮しないものとする。

＜資料：係数早見表（５年）＞

年利	減債基金係数	現価係数	資本回収係数	終価係数
1.0％	0.19604	0.9515	0.20604	1.051
2.0％	0.19216	0.9057	0.21216	1.104

※記載されている数値は正しいものとする。

1． 1,152,960円
2． 1,236,240円
3． 1,272,960円

解答・解説

解法は2つ!
どっちでもやりやすいほうで!

＜覚える場合＞

現在から将来の取り崩し額を求めるパターンなので、「し」がつく係数を使うよ。将来の一時金を求めるパターンではない＝終価係数ではないので、資本回収係数を使って算出しよう。

＜覚えない場合＞

分かっている金額600万円を「1」と考えて、5年で取り崩すと1÷5＝0.2くらい。運用して利息が付くから、0.2より少し多いヤツ（0.21216）を使うんだ。

 600万円×0.21216＝1,272,960円となります。

 答 3

LESSON 4 住宅ローンの種類は？

多くの人にとって、**住宅ローン**は人生で最も大きな借金です。しっかり計画を立てて、上手に借りて、上手に返すことが重要です。

住宅ローンは、大きく分けて、金利タイプでは、**変動金利**、**固定金利**、**固定金利期間選択型**、返済方法では、**元利均等返済**、**元金均等返済**があります。

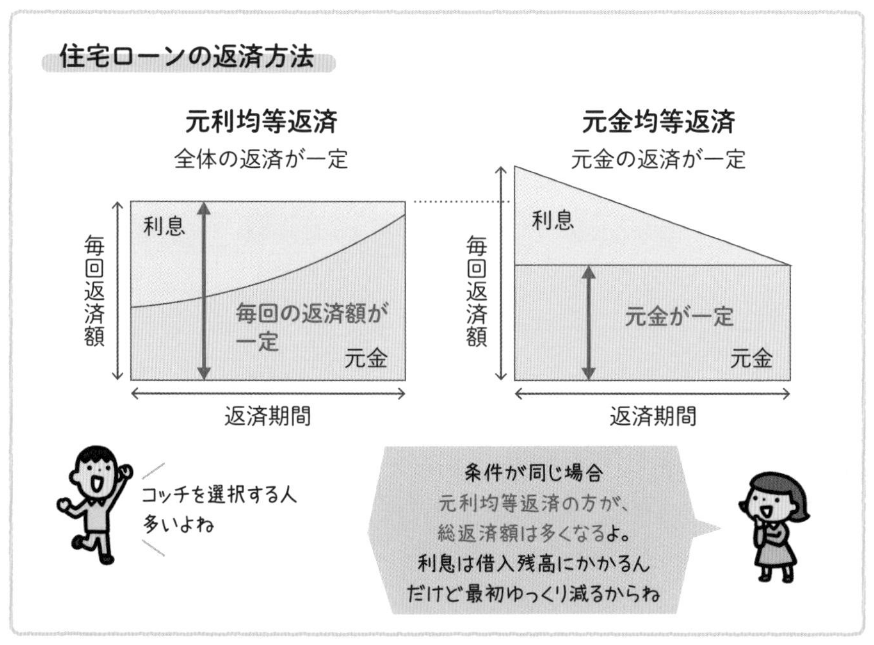

固定金利住宅ローンの代表　フラット35

長期間の固定金利住宅ローンに「フラット35」という商品があります。

フラットは「平ら＝**固定**金利」、35は最長返済期間35年を意味します。

フラット35の主な特徴

金利	固定金利。融資実行時点の金利（各金融機関が設定）
融資限度額	8,000万円
返済期間	最長35年
諸費用	繰上げ返済の手数料、保証料は無料

EXERCISE

このポイントを覚えよう！

住宅ローンの返済方法

	概要	特徴
元利均等返済	毎回の返済額が一定 一般的な返済方法	当初の返済額は元金均等返済の方が多い
元金均等返済	毎回の元金部分の返済額が一定 （利息は徐々に減少）	総返済額は元利均等返済の方が多い

過去問 | 3択 | （23年9月）

住宅金融支援機構と民間金融機関が提携した住宅ローンであるフラット35（買取型）の融資額は、土地取得費を含めた住宅建設費用または住宅購入価額以内で、最高（ ① ）であり、融資金利は（ ② ）である。

1）　① 8,000万円　　② 固定金利
2）　① 1億円　　② 固定金利
3）　① 1億円　　② 変動金利

フラット35について聞かれています。
融資限度額は8,000万円、固定金利の商品です。

過去問 | 3択 | （23年1月）

住宅ローンの返済方法のうち、元利均等返済は、毎月の返済額が一定で、返済期間の経過とともに毎月の元金部分の返済額が（ ① ）返済方法であり、総返済金額は、他の条件が同一である場合、通常、元金均等返済よりも（ ② ）。

1）　① 減少する　　② 多い
2）　① 増加する　　② 多い
3）　① 増加する　　② 少ない

元利均等返済は、当初の利息部分が多く、元金部分が少なく、その後は徐々に、利息が減少し、元金部分が多くなります。総返済額は、元利均等返済のほうが元金均等返済よりも多くなります。

LESSON 5 教育資金計画を立てよう

学資（こども）保険の加入、投資信託での運用、祖父母から援助（贈与）を受けるなどの方法でも手当てできない場合は、教育ローンや奨学金を利用を検討します。

教育ローンと奨学金の違いは？

学費を借りて
大学で勉強するよ！

素晴らしいね！
自分で借りるなら奨学金だね。
教育ローンは原則、保護者が
借りるものなんだ。

借りるのは保護者！　国の教育ローン

返済するのも
保護者なんだよ。

教育ローンは主に保護者が借りる資金調達手段で、返済が必要です。日本政策金融公庫が提供する国の教育ローンは、義務教育課程の後が対象で、融資限度額は原則**350万円**（海外留学等、一定の場合は450万円）、**固定**金利、最長返済期間は**18年**。

利用するのは本人！ 日本学生支援機構の奨学金

利子のあるものと
ないものがあるよ。

給付型（返還不要）と貸与型（返還必要）があります。
貸与型は子が借りて、卒業後、子が返還を行います。貸与型には**第一種**奨学金（**無利子**）と**第二種**奨学金（在学中は**無利子**、卒業後は有利子）があります。

こども保険って？

万が一の時でも
安心だね。

通常、親が契約者、子が被保険者として契約する保険で、満期時に学資金が支給されます。仮に、途中で**契約者が死亡**した場合、その後**保険料を払わなくても、学資金が支給されます**。

EXERCISE

このポイントを覚えよう！

日本政策金融公庫の教育一般貸付

融資限度額	原則350万円 所定の海外留学資金、大学院、自宅外通学等は450万円
返済期間	最長18年
金利	固定金利
使途	義務教育後の高校、大学などの入学金、授業料、受験費用等のほか、通学費用、下宿費用、国民年金保険料にも利用できる

日本学生支援機構の奨学金

第1種奨学金	無利子	所得要件あり 学業成績要件あり
第2種奨学金	有利子（在学中は無利子）	

過去問 | ○×選択 | （22年5月）

日本政策金融公庫の教育一般貸付（国の教育ローン）の融資金利には、固定金利と変動金利があり、利用者はいずれかを選択することができる。

国の教育ローンは固定金利です。

答 ×

過去問 | ○×選択 | （23年1月）

日本政策金融公庫の教育一般貸付（国の教育ローン）は、返済期間が最長18年であり、在学期間中は利息のみの返済とすることができる。

「最長15年」と
ひっかけ問題のときがあるので注意！

答 ○

過去問 | ○×選択 | （23年1月）

日本学生支援機構の奨学金（貸与型）のうち、第一種奨学金は利子が付かない。

第一種奨学金は無利子です。

答 ○

社会保険のレッスンに入る前に全体像を把握しておこう！

社会保険の全体像

社会保険には、年金保険、公的医療保険、公的介護保険、労働者災害補償保険、雇用保険があります。

毎年、もらえるお金だから「年金」ね

年金保険	老後の生活、障害者の生活、遺族の生活を支えます
公的医療保険	治療費を助けてくれたり、病気やケガで働けない期間の生活費、出産費用や出産前後の生活費がもらえます
公的介護保険	自分で自分のことができない人は身の回りのお世話を受けることができます
労働者災害補償保険	業務や通勤を原因とする病気やケガ等による治療費や休業中の生活費を助けてくれます
雇用保険	失業した後の生活費、育児や介護のために休業する場合の生活費などを助けてくれます

会社員の場合、業務外の病気やケガは
健康保険から給付を受けるけど、
業務や通勤を原因とする病気やケガの場合は
労働者災害補償保険から給付を受けるよ

年金保険と公的医療保険の制度

上の社会保険のうち、年金保険と公的医療保険についてはそれぞれいくつかの制度に分かれています。

	制度	加入対象者
年金保険	国民年金	原則、20歳以上60歳未満
	厚生年金	70歳未満の会社員、公務員
公的医療保険	健康保険	75歳未満の会社員
	共済	75歳未満の公務員
	国民健康保険	75歳未満の会社員、公務員やその扶養家族でない人（例：自営業者、年金生活者とその扶養家族）
	後期高齢者医療制度	75歳以上 （一定の障害がある場合は65歳以上）

年齢と職業で分かれるのかー

年金と公的医療保険の給付

細かくは後のレッスンで勉強しますが、ここでは年金と公的医療保険について、大きなポイントだけまとめておきます。

年金の主な給付と内容

原因	名称	主な内容
老後	老齢基礎年金	国民年金から65歳以降一生涯もらえる ※20歳から60歳に達するまで全部納付済みの場合、満額816,000円（新規裁定）
	老齢厚生年金	厚生年金から65歳以降一生涯もらえる （報酬比例部分は報酬と加入月数で計算） ※加給年金：配偶者や子がいる場に支給される家族手当 （配偶者や子の年齢要件あり）
障害	障害基礎年金	国民年金から１級、２級障害者に支給される
	障害厚生年金	厚生年金から１級、２級、３級障害者に支給される
遺族	遺族基礎年金	子のある配偶者または子に支給（子の数に応じて加算） ・子：原則、18歳到達年度末まで ・配偶者が受給する場合：基本額816,000円＋子の加算 （２人目まで234,800円／人、３人目以降78,300円／人）
	遺族厚生年金	死亡時点までの報酬比例部分の４分の３を支給 ※加入月数300月未満の厚生年金被保険者が死亡した場合は300月とみなして計算
	遺族厚生年金の中高齢寡婦加算	要件を満たす妻（40歳以上65歳未満）に支給 年額612,000円 ※遺族基礎年金の支給中は支給停止

だから報酬比例部分っていうのかー

公的医療保険の被保険者の自己負担割合

原則	３割
70歳以上75歳未満	原則２割、高所得者は３割
後期高齢者医療制度（原則75歳以上）	原則１割、高所得者は２割または３割

業務災害により労働者災害補償保険で治療を受ける場合の自己負担はゼロです。

では、次ページから社会保険について試験のポイントをみていこう！

LESSON 6 雇用保険とは？

雇用保険は、**週所定の労働時間が20時間以上、31日以上の雇用見込み**がある労働者が加入する社会保険です。失業保険ともいわれますが、失業以外の場面でも助けてもらえます。なお、**業務災害や通勤災害を補償する労災保険は労働時間、日数を問わず、原則、労働者を加入対象とします。**

基本手当（失業等給付）を受け取るまで

ハローワークで失業認定を受けてね

65歳未満で自己都合退職の場合

辞める前２年間に12カ月以上の被保険者期間があれば、基本手当を受け取ることができます！

失業認定後 → **支給開始！**

7日間　退職理由に関わらずダメ

原則、2カ月　自己都合退職の場合

（最長150日分）

所定給付日数は辞めるまでの働いた期間で違うよ。たとえば、自己都合退職で最低90日分、20年以上働いていた場合は150日分だね。

雇用保険　使えるのは退職者だけ？

若い人でも使えるね。

雇用保険が使えるのは退職者・失業者だけではありません。
他にも以下のように働いている人のための給付があります。

- **一般教育訓練給付**：**受講費用の20％、最高10万円**
- **育児休業給付**：休業開始前賃金の**67％**（181日目以降は50％）、原則子１歳まで
- **介護休業給付**：休業開始前賃金の67％
  対象１家族につき、最大**93日**、**3回**まで分割可能

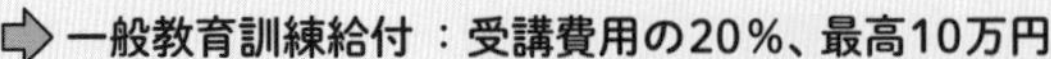

EXERCISE

このポイントを覚えよう！

雇用保険の基本手当

離職事由	加入期間要件	7日間の待期期間後の給付制限	基本手当の所定給付日数
自己都合 定年	離職前2年間に通算12カ月以上	あり（原則2カ月）	被保険者期間で決まる（最長150日）
倒産・解雇等	離職前1年間に通算6カ月以上	なし	被保険者期間と離職時の年齢で決まる（最長330日）

過去問 | 3択 | （23年9月）

雇用保険の基本手当を受給するためには、倒産、解雇、雇止めなどの場合を除き、原則として、離職の日以前（①）に被保険者期間が通算して（②）以上あることなどの要件を満たす必要がある。

1）① 1年間　② 6カ月
2）① 2年間　② 6カ月
3）① 2年間　② 12カ月

自己都合退職の場合の要件は、辞める前2年間に12カ月以上必要です。

答 3

過去問 | ○×選択 | （21年9月）

正当な理由がなく自己の都合により離職した者に対する雇用保険の基本手当は、待期期間の満了後4カ月間は支給されない。

自己都合退職は、通常、手続き後待期期間7日に加えて、2カ月間もらえません。

答 

LESSON
7

会社員が加入する健康保険は？

会社員とその扶養家族は健康保険、自営業者とその家族は国民健康保険、**75歳以上**の人は**後期高齢者医療制度**に加入します。

健康保険の治療費負担について

- ☑ 70歳未満の被保険者：３割
- ☑ １カ月の医療費の自己負担額がある一定限度額を超過した場合は「高額療養費」として払い戻しを受けられる。

標準報酬月額	自己負担限度額
28万円以上53万円未満	80,100円＋（総医療費－267,000円）×１%

267,000円までは3割負担（267,000円×0.3）、
267,000円を超える部分は1%負担ということだよ

例 標準報酬月額30万円、1カ月間の総医療費100万円の場合

・本来の自己負担額　100万円×0.3＝300,000円
・自己負担限度額　80,100円＋（1,000,000円－267,000円）×１%
＝87,430円

⇨ **300,000円－87,430円＝212,570円　が支給される！**

すっごく
助かるね！

健康保険の給付は治療費だけじゃない！

業務外の傷病により給付を受けられない場合、**連続３日間**休んだ後、**４日目**から標準報酬日額相当額※の**３分の２**の金額が、通算**１年６カ月**を限度に支給されます。

※継続した12カ月の被保険者期間の標準報酬月額の平均額÷30

会社を辞めたら、どうなるの？

健康保険の被保険者期間が**２カ月**以上ある者が、離職後**20日以内**に手続きをした場合、最長**２**年間、辞めた会社の健康保険に継続して加入できます。ただし、保険料は、在職中は労使折半（会社と自分で半分ずつ）に対し、退職後は全額自己負担となります。

EXERCISE

このポイントを覚えよう！

傷病手当金

支給期間	連続した3日間の欠勤の後、4日目から通算1年6カ月を限度
支給額（日額）	継続した12カ月の被保険者期間の標準報酬月額の平均額×1/30×2/3

任意継続被保険者

被保険者期間	継続して2カ月以上
手続き	退職日の翌日から20日以内
加入期間	最長2年
保険料負担	全額自己負担（在職中は労使折半）

辞めた会社の健康保険に
継続加入することを、
任意継続被保険者と
いうのよ！

過去問 ｜〇×選択｜（22年5月）

健康保険の任意継続被保険者となるためには、健康保険の被保険者資格喪失日の前日までに継続して1年以上の被保険者期間がなければならない。

継続して2カ月以上の被保険者期間があることが要件です。

答 ×

過去問 ｜3択｜（23年9月）

全国健康保険協会管掌健康保険の被保険者に支給される傷病手当金の額は、原則として、1日につき、傷病手当金の支給を始める日の属する月以前の直近の継続した（①）の各月の標準報酬月額の平均額を30で除した額に、（②）を乗じた額である。

1）①6カ月間　②3分の2
2）①12カ月間　②3分の2
3）①12カ月間　②4分の3

12カ月間の標準報酬月額の平均額をもとに計算した日額の3分の2が支給されます。

答 2

LESSON 8

介護保険とは?

病気等により、自分で身の回りのことができなくなった場合、介護が必要だと認定されると、介護保険からサービスを受けることができます。

介護保険は、**市町村**(東京23区は**特別区**)が実施する保険制度で、利用者が**市町村(特別区)に申請**して、要介護(重度)、要支援(軽度)の認定を受ければ、原則として**1割**の費用負担でサービスを受けることができます。

40歳以上 65歳未満

特定疾病の原因を対象に介護や支援が必要な場合に利用できます。

65歳以上

原因は問わず、介護や支援が必要な場合に利用できます。

第2号被保険者は
事故の場合は対象外だよ。

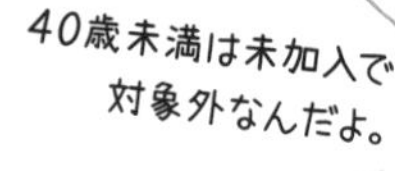

40歳未満は未加入で
対象外なんだよ。

要介護認定

介護保険は、要支援で2段階、要介護で5段階あります。

公的介護保険の自己負担割合は、要介護(支援)の限度額の範囲内で、原則**1割**です。

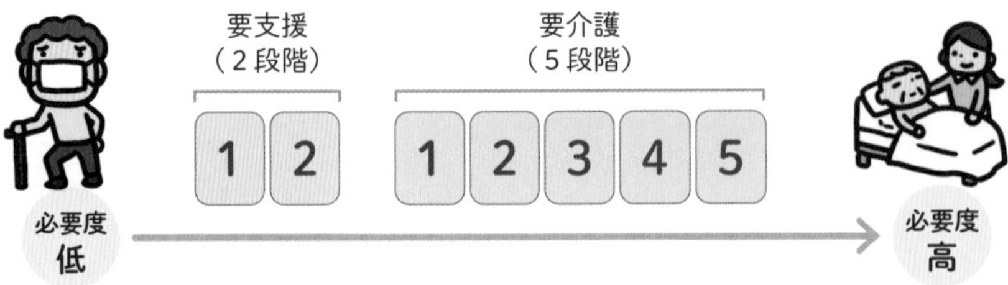

EXERCISE

このポイントを覚えよう!

介護保険

	第１号被保険者	第２号被保険者
保険者・手続先	市町村・特別区	
対象年齢	65歳以上	40歳以上65歳未満の公的医療保険加入者
給付事由	理由は問わない 要支援１～２ 要介護１～５	左記のうち、老化に伴う特定疾病が原因である場合（事故は対象外）
要介護（支援）度に応じた支給限度額範囲内での自己負担割合	原則１割 一定の高所得者は ２割または３割	一律１割

公的介護保険の第（ ① ）被保険者は、市町村または特別区の区域内に住所を有する（ ② ）以上65歳未満の医療保険加入者である。

1） ① １号　② 40歳
2） ① ２号　② 40歳
3） ① ２号　② 60歳

65歳未満なので、第2号被保険者で40歳以上です。

答 2

過去問 | ○×選択 | (21年5月)

公的介護保険の第２号被保険者は、要介護状態または要支援状態となった原因を問わず、保険給付を受けることができる。

第2号被保険者は、特定疾病が原因である場合に限られます。

答 ×

LESSON 9 国民年金とは？

国民年金は国籍を問わず、日本に住む原則**20歳から60歳**に達するまでの40年間加入します。被保険者の種別には第1号、第2号、第3号があります。
また、会社員、公務員は国民年金と厚生年金の両方に加入します。

国民年金の種類

サラリーマンと
その専業主婦(夫)以外は
全部第1号だよ!

第1号	第2号	第3号
その他 学生・自営業者など	**会社員・公務員**	**サラリーマン家庭の専業主婦等**
20歳以上 60歳未満	20歳未満、60歳以上でも加入	20歳以上 60歳未満
国民年金保険料を納付	厚生年金保険料を納付	保険料なし！

専業主婦(夫)でも、サラリーマン家庭ではない場合は第1号です。

納付の免除・猶予制度を利用しよう！

国民年金第１号被保険者の国民年金保険料の納付について、納付できない場合には、免除・猶予する制度があります。免除は支払わなくてよい制度、猶予は待ってもらえる制度で、**10年以内**であれば、後で納付（追納）すると、年金額を増やすことができます。

EXERCISE

国民年金

このポイントを覚えよう！

■国民年金被保険者

	対象	納付
第１号	国内に住所を有する20歳以上60歳未満の者で、第２号、第３号被保険者に該当しない者	国民年金保険料
第２号	厚生年金保険の被保険者（65歳以上で老齢給付の受給権があるものを除く）	厚生年金保険料
第３号	第２号被保険者に扶養されている、20歳以上60歳未満の配偶者	なし

■国民年金保険料の免除・猶予（抜粋）

	追納可能期間	所得要件の対象者	老齢基礎年金の扱い※
申請免除	10年前の分まで	本人、世帯主、配偶者	免除期間（少し増える）
猶予扱い 学生・50歳未満		学生：本人 50歳未満：本人と配偶者	合算対象期間と同じ扱い（増えない）
滞納・未加入	２年前まで	–	未加入期間（増えない）

※追納すれば、保険料納付済期間

過去問 | ○×選択 | （23年9月）

国民年金の第１号被保険者は、日本国内に住所を有する20歳以上60歳未満の自営業者や学生などのうち、日本国籍を有する者のみが該当する。

20歳以上60歳未満、自営業者、学生は正しいけれど、国籍は問いません。

過去問 | ３択 | （23年9月）

国民年金の保険料免除期間に係る保険料のうち、追納することができる保険料は、追納に係る厚生労働大臣の承認を受けた日の属する月前（　　）以内の期間に係るものに限られる。

1）　２年
2）　５年
3）　10年

免除期間の分ですので、10年前の分まで追納できます。

答　3

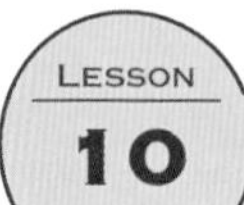

LESSON 10
老齢年金をもらえる条件は？

公的年金の老齢給付には、**老齢基礎年金**および**老齢厚生年金**等があり、それぞれ受給するための要件があります。

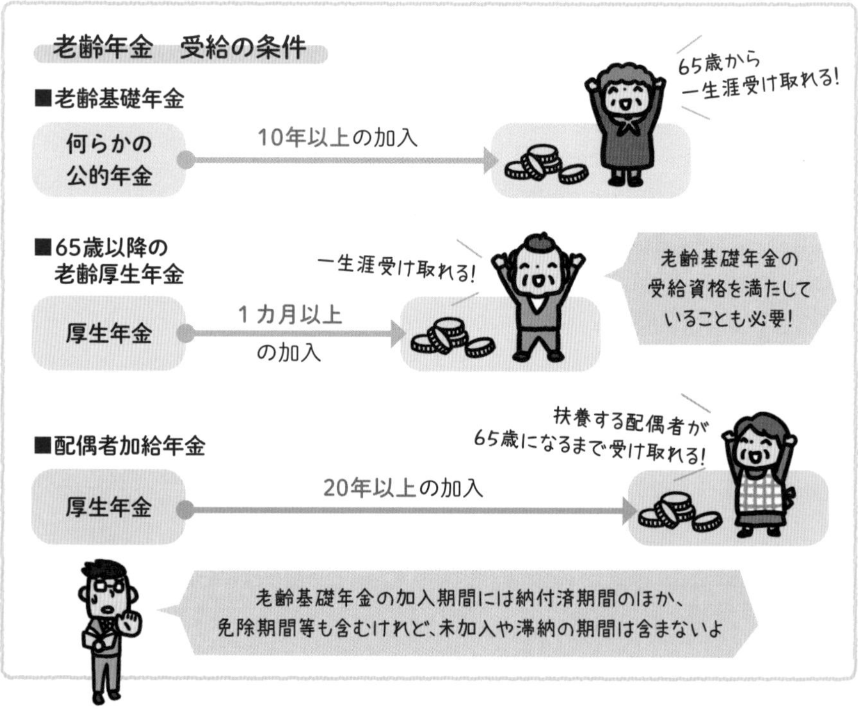

老齢年金　受給の条件
■老齢基礎年金
何らかの公的年金
10年以上の加入
65歳から一生涯受け取れる！
■65歳以降の老齢厚生年金
厚生年金
1カ月以上の加入
一生涯受け取れる！
老齢基礎年金の受給資格を満たしていることも必要！
■配偶者加給年金
厚生年金
20年以上の加入
扶養する配偶者が65歳になるまで受け取れる！
老齢基礎年金の加入期間には納付済期間のほか、免除期間等も含むけれど、未加入や滞納の期間は含まないよ

老齢年金の繰上げ・繰下げ

老齢年金は、原則65歳から受給可能ですが、早く受給することも、遅く受給することも可能です。早く受給開始すると少し減り、受給を遅く開始すると少し増えます。

原則
60歳
受給開始
▲0.4%／月
最大24%減
原則
75歳
受給開始
＋0.7%／月
最大84%増

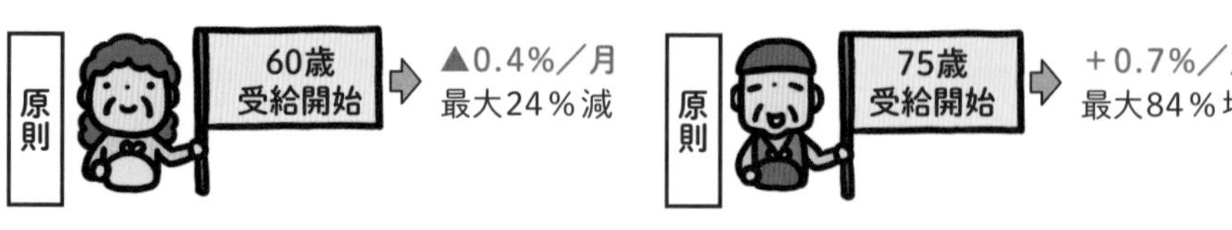

ココに注意！

老齢基礎年金、老齢厚生年金について、繰上げ支給は**同時**に繰上げなければなりませんが、繰下げ支給は**一方のみ繰下げ**、**異なる時期からの繰下げ**もできます。

EXERCISE

老齢年金

このポイントを覚えよう！

■老齢給付の受給要件

老齢基礎年金	納付済期間＋免除期間＋合算対象期間が10年以上
老齢厚生年金（65歳以降）	老齢基礎年金の受給資格を満たしていること 厚生年金保険に１カ月以上加入
老齢厚生年金の加給年金	厚生年金保険に20年以上加入

■老齢年金と繰上げ・繰下げ（原則）

繰上げ	60歳０カ月～ 64歳11カ月	１月あたり0.4％減額（最大24％減額） 老齢基礎年金と老齢厚生年金は同時に繰上げ
繰下げ	66歳０カ月～ 75歳0カ月	１月あたり0.7％増額（最大84％増額） 老齢基礎年金と老齢厚生年金は別々に受給開始できる

過去問 ｜○×選択｜（22年9月）

老齢厚生年金に加給年金額が加算されるためには、原則として、老齢厚生年金の受給権者本人の厚生年金保険の被保険者期間が20年以上なければならない。

その通りです！

答 ○

過去問 ｜３択｜（23年1月）

65歳到達時に老齢基礎年金の受給資格期間を満たしている者が、67歳６カ月で老齢基礎年金の繰下げ支給の申出をし、30カ月支給を繰り下げた場合、老齢基礎年金の増額率は、（　　）となる。

1） 12％
2） 15％
3） 21％

繰下げ（1カ月あたり＋0.7％）で、
30カ月なので
0.7％×30月＝21％

答 3

LESSON 11 公的年金の障害給付は?

公的年金の被保険者が、重い障害を負ってしまった場合、障害の程度に応じて**障害基礎年金**や**障害厚生年金**が支給されます。

障害年金の給付

［自営業］

［会社員］

国民年金加入	国民年金・厚生年金加入	
1級・2級障害	1級・2級障害	3級障害
・障害基礎年金（子の加算あり）	・障害基礎年金（子の加算あり） ・障害厚生年金（配偶者の加算あり）	・障害厚生年金（配偶者の加算なし）

日常生活が大変とされる1級、2級では
基礎年金、厚生年金ともに支給され、
労働が大変とされる3級では厚生年金から支給されるよ。

1級障害と2級障害の支給差は?

障害の程度がより重い1級障害は、2級障害の**1.25倍**が支給されます。

会社員
65歳未満の
配偶者、子あり

障害基礎年金（2級の1.25倍）＋子の加算
障害厚生年金（2級の1.25倍）＋配偶者の加算

自営業
配偶者なし
子なし

障害基礎年金

会社員で1級・2級障害の場合は、障害基礎年金と障害厚生年金の両方を受け取れるんだね。

EXERCISE

このポイントを覚えよう！

障害年金

	障害基礎年金	障害厚生年金
給付対象	障害等級１級または２級 １級の年金額＝２級×125％	障害等級１級～３級 １級の年金額＝２級×125％
加算	子の加算	１級・２級障害の場合、配偶者の加算

過去問 | 3択 | (23年9月)

子のいない障害等級１級に該当する者に支給される障害基礎年金の額は、子のいない障害等級２級に該当する者に支給される障害基礎年金の額の（　　）に相当する額である。

1）　1.25倍
2）　1.50倍
3）　1.75倍

1級障害なので、1.25倍支給されます。

過去問 | ○×選択 | (23年9月)

障害基礎年金の受給権者が、生計維持関係にある65歳未満の配偶者を有する場合、その受給権者に支給される障害基礎年金には、配偶者に係る加算額が加算される。

障害基礎年金は原則、18歳到達年度末までの子がいる場合に子の加算があります。問題の文は１級・２級障害の障害厚生年金についてのものですね。

公的年金の遺族給付は？

遺族年金は、死亡した者の条件によって異なります。

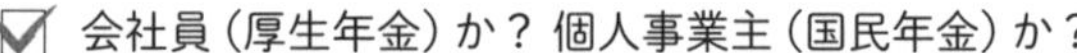

- ☑ 会社員（厚生年金）か？ 個人事業主（国民年金）か？
- ☑ 子がいるか？ いないか？
- ☑ （子がいない場合）妻の年齢は？

●**遺族基礎年金（学費）**

子のある配偶者または**子**に支給されます。

子とは、通常、**18歳**到達年度末までをいいます。

●**遺族厚生年金（生活費）**

報酬比例部分の老齢厚生年金の**4分の3**が支給されます。なお、会社員が死亡した場合で、厚生年金の加入期間が300月未満の場合は、**300月**加入とみなして計算します。

●**中高齢寡婦加算（中高齢の女性への加算）**

夫の死亡当時、**子がいる**または**40歳以上65歳未満**である場合に支給されます。ただし、**遺族基礎年金が支給されている期間は停止**されます。

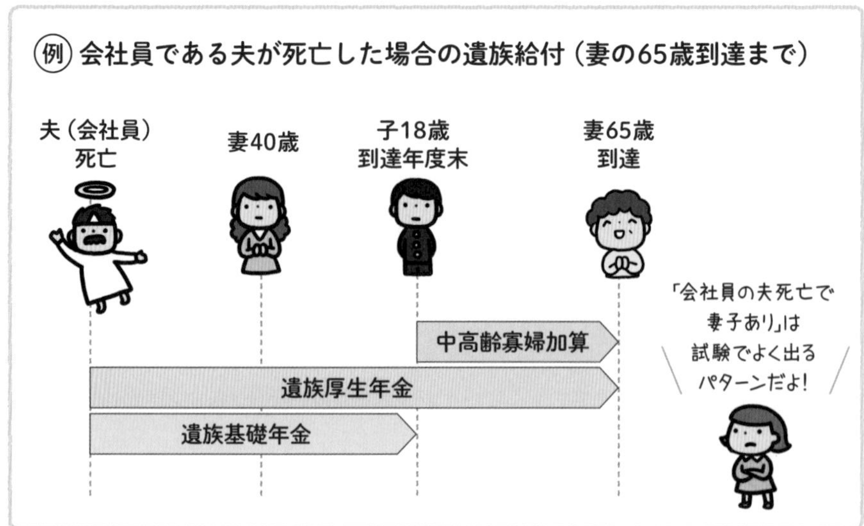

EXERCISE

このポイントを覚えよう！

遺族給付

遺族基礎年金	受給者：死亡した者に生計を維持されていた子のある配偶者または子 支給期間：原則、子が18歳到達年度末まで
遺族厚生年金	死亡時点で計算した報酬比例部分の4分の3相当額 厚生年金加入期間300月未満の被保険者が死亡した場合、300月加入とみなして計算
中高齢寡婦加算	夫の死亡当時、遺族厚生年金を受け取る妻が ・40歳以上65歳未満　または ・夫の死亡後、40歳時点で18歳到達年度末までの未婚の子がいる 支給期間：40歳以上65歳に達するまで ただし、遺族基礎年金支給中は支給停止

中高齢寡婦加算は、
女性が働くのが大変だった
昔の名残りの制度ね。

過去問 ｜ ○×選択 ｜ (23年1月)

厚生年金保険の被保険者である夫が死亡し、子のない45歳の妻が遺族厚生年金の受給権を取得した場合、妻が75歳に達するまでの間、妻に支給される。

子のない40歳以上65歳未満の妻なら、中高齢寡婦加算は65歳に達するまで支給されます。

答　×

過去問 ｜ 3択 ｜ (22年1月)

遺族厚生年金の額（中高齢寡婦加算額および経過的寡婦加算額を除く）は、原則として、死亡した者の厚生年金保険の被保険者記録を基礎として計算した老齢厚生年金の報酬比例部分の額の（　　）に相当する額である。

1）　2分の1
2）　3分の2
3）　4分の3

遺族厚生年金は報酬比例部分の4分の3が支給されます。

答　3

LESSON 13 確定拠出年金とは？

確定拠出年金は、主に個人が掛金を支払う個人型（iDeCo）と主に企業が掛金を支払う企業型があります。支払う掛金は確定していますが（確定拠出）、受取りは運用成果に応じて変わります。

確定拠出年金ってどんな制度？

自分で投資信託などを使って老後資金を積み立てる制度だよね。どんな人が使えるのかな？

国民年金被保険者で保険料を納付する等の条件を満たせば、個人事業主、会社員、公務員、専業主婦（夫）、誰でも利用できるよ！

掛け金の上限は？

掛金の上限（年額）は、国民年金被保険者の種類で異なります 。

	自営業者	サラリーマン家庭の専業主婦（夫）	会社員・公務員
被保険者	第1号	第3号	第2号
上限額（年額）	816,000円	276,000円	加入制度で異なる

この制度のメリットは？

確定拠出年金には、節税効果のメリットがあります。個人が支払う掛金は所得控除（**小規模企業共済等掛金控除**）の対象、企業が支払う掛金は損金に算入できます。

所得控除！

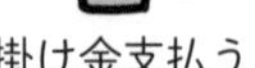

非課税！

運用益を得る

退職所得！
※一時金の場合

雑所得！
※年金受取の場合

受け取る（老齢給付金）

投資信託の運用益は
通常20%程度
課金されるから、
非課税は お得！

EXERCISE

このポイントを覚えよう!

確定拠出年金

	個人型	企業型
加入者	65歳未満	70歳未満
運用指図	加入者個人	
掛金の負担	主に個人	主に事業主
掛金の税務	事業主 …… 損金または必要経費 加入者 …… 小規模企業共済等掛金控除	
老齢給付	通算加入者等期間が10年以上の場合、支給開始は60歳以降75歳まで 一時金 …… 退職所得(退職所得控除の対象) 年金 ……… 雑所得(公的年金等控除の対象)	

過去問 | 3択 | (23年1月)

確定拠出年金の個人型年金の加入者が国民年金の第1号被保険者である場合、原則として、掛金の拠出限度額は年額(　　)である。

1) 276,000円
2) 816,000円
3) 840,000円

確定拠出年金に「はいろ(816)」
と覚えよう!

国民年金第1号被保険者の上限額は816,000円です。

答 2

過去問 | 3択 | (22年9月)

確定拠出年金の個人型年金の老齢給付金を60歳から受給するためには、60歳到達時の通算加入者等期間が(　　)以上なければならない。

1) 10年
2) 15年
3) 20年

60歳から
受け取れるのは
助かるね!

通算加入者等期間が10年以上あれば、60歳からもらえます。

答 1

個人事業主の老後に備える制度は?

会社員は国民年金と厚生年金に加入しますが、個人事業主は国民年金のみの加入なので公的年金は少なくなります。ただし、任意で利用できる制度は充実しています。

個人事業主が老後資金準備で使える制度

個人事業主が使える、確定拠出年金以外の制度を教えて!!

国民年金第1号被保険者が利用できる付加年金、国民年金基金、従業員が少ない個人事業主が利用できる小規模企業共済等があるよ

	付加年金	国民年金基金	小規模企業共済
掛金(月額)	400円	68,000円※	70,000円※

※限度

それぞれの制度の特徴

●付加年金

月額**400円**の**保険料**を支払うと、65歳以降、**200円×納付月数**の付加年金をもらうことができます。

2年で元が取れるってことね!

●国民年金基金

掛金は**確定拠出年金と合わせて月額68,000円まで**です。**付加保険料と同時に納付できません**。

●小規模企業共済

小規模企業の役員や個人事業主のための制度。従業員向けでは、中小企業退職金共済制度という別の制度があります。

掛金は、国民年金基金=6字=6万円台
小規模企業共済=7字=7万円
と覚えれば忘れない…かな?!

EXERCISE

このポイントを覚えよう！

自営業者が加入できる老後資金準備制度

	掛金（限度）額	掛金の税務
国民年金基金	合わせて月額 6.8万円	社会保険料控除
確定拠出年金		小規模企業共済等掛金控除
小規模企業共済	月額 7万円	
付加年金	月額 400円	社会保険料控除

過去問 ｜3択｜（23年5月）

国民年金の第1号被保険者が、国民年金の定額保険料に加えて月額（①）の付加保険料を納付し、65歳から老齢基礎年金を受け取る場合、（②）に付加保険料納付済期間の月数を乗じて得た額が付加年金として支給される。

1）①400円　②200円
2）①400円　②300円
3）①200円　②400円

2年もらえば元が取れるので、
保険料が400円、年金額は200円×納付月数。

1

過去問 ｜○×選択｜（21年9月）

国民年金基金は、加入員自身で掛金を運用するため、その運用実績により将来受け取ることができる年金額が増減する。

この問題文は確定拠出年金についての説明です。

リスク管理

この科目では、生命保険や損害保険等の保険の仕組み、商品の特徴や保険契約のルール、支払う保険料やもらう保険金等に関する税金について学習します。暮らしを守る保険について学んでいきましょう。

保険を学習する上で、基本的な用語は？

保険について「払う・もらう」で覚えると理解しやすいです。
以下は頻出テーマなのでしっかり頭に入れておきましょう。

【契約者（保険料負担者）】 保険契約の責任者
契約の内容を決めたり、お金を支払う人を指します。

【被保険者】 保険の対象者
いわば主役に当たる人。「被」であることに注意。

これ
覚えておくと
理解が早いよ！

【保険金受取人】 お金を受け取る人
配偶者や子など、契約者が決めます。

【保険料】 契約者が支払うお金のことを指します
保険料の仕組みや税金で出てきます。

【保険金・給付金】 保険会社が支払うお金
どういうときにもらえるか、もらえないかのポイントで必ず出てきます。

Q. 生命保険ってどんなものがあるの？

A

大きくは、死亡した場合、病気等した場合、老後の備えの３つに分けられます。誰の、どんなリスクに、どのくらいの期間にわたり備えたいのか、を考えて、必要な保険を選びます。保険商品は同じようにみえて違う点があるので、その違いなどを意識して学習しましょう。

Q. 損害保険とはどんなもの？

A

大きくは、自分の財産の損害、ケガの損害、損害賠償の３つに分けられます。基本的に、急激、偶然、外来の損害に備える商品ですから、「滅多にないけど、一旦、起こると収入や貯蓄では手当てしきれない損害」に備えることが大切です。

Q. なぜ「リスク管理」の科目で税金に重点が置かれているの？

A

たとえば個人が保険を使って備えると、所得税や住民税が安くなります（そのほうが、備える動機が高まるから！）。また、個人契約では、非課税の保険金もありますが、死亡した場合等の保険金には税金がかかり、契約者、被保険者、受取人が誰であるかで、税金の負担が大きく違うため、契約の仕方がとても重要なのです。

だから、この科目では税金に関する論点が多いのか！

生命保険の保険料はどう決まる?

お客様（契約者）が保険会社に支払う生命保険の保険料は、保険金の支払いに充てる部分（**純保険料**）と運営経費に充てる部分（**付加保険料**）に分けられます。

保険料は“3つの基礎率”で決まる！

これが3つの基礎率だね！

保険料の構成

純保険料 ⇨ 予定死亡率と予定利率 **で決まる！**

付加保険料 ⇨ 予定事業費率 **で決まる！**

予定利率が高いと運用益が多く見込めるからね。

予定利率が高い場合、保険料は安くなるよ。
予定事業費が少ない場合、保険料は安くなるよ。

男性と女性でリスクが違う！

男性と女性では**女性のほうが男性よりも長生き**なので、死亡リスクに備える保険（例：終身保険）の保険料は男性の方が高く、長生きリスクに備える保険（例：終身年金保険）の保険料は、女性の方が高くなります。

	男性	女性
死亡リスクに備える保険料	高い	安い
長生きリスクに備える保険料	安い	高い

年齢によってもリスクが異なるよね。
若い人より高齢者の方が病気や死亡リスクは高くなるから、
生命保険料は高齢者の方が高くなるよ。

こればっかりはしょうがないね。。。

EXERCISE

このポイントを覚えよう!

生命保険料

純保険料	予定死亡率	高く見込むと、 死亡保険料は高くなり、年金保険料は安くなる 終身保険　：男性の方が高い 終身年金保険　：女性の方が高い
	予定利率	高く見込むと安くなる
付加保険料	予定事業費率	高く見込むと高くなる

過去問 | 3択 | (23年5月)

生命保険会社が(　　)を引き上げた場合、通常、その後の終身保険の新規契約の保険料は安くなる。

1) 予定利率
2) 予定死亡率
3) 予定事業費率

予定利率が高くなると運用益が多く見込めるので、保険料は安くなります。
予定死亡率、予定事業費率が高くなると、保険料は高くなります。

1

過去問 | ○×選択 | (22年9月)

生命保険の保険料は、純保険料および付加保険料で構成されているが、このうち純保険料は、予定利率および予定死亡率に基づいて計算される。

純保険料は保険金の支払いに充てる部分なので、予定利率と予定死亡率で計算します。

LESSON 16

死亡リスクに備える生命保険

保険の対象者である被保険者が死亡した場合のリスクに備える保険を大きく3つに分けると、終身保険、養老保険、定期保険があります。

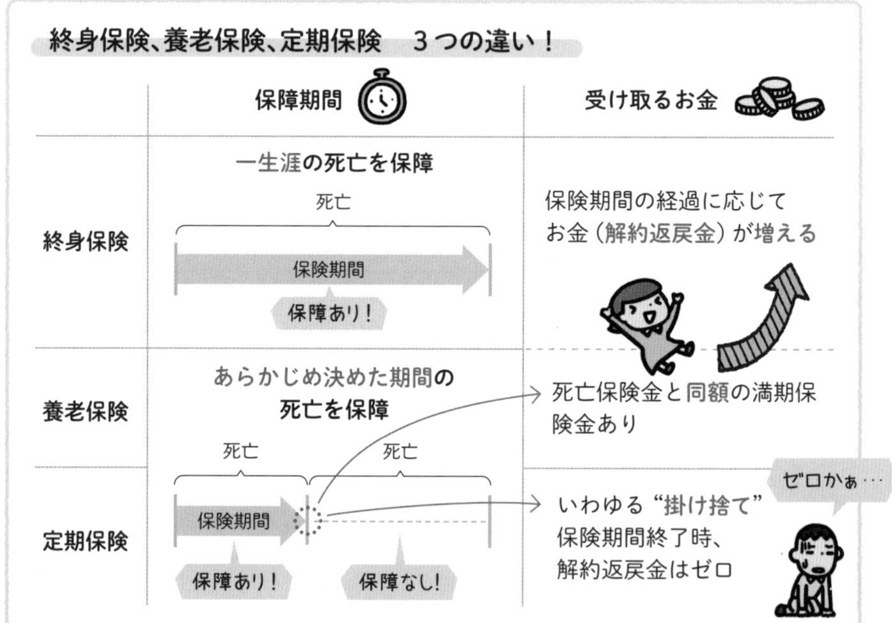

受け取るお金

一生涯の死亡を保障

お金（解約返戻金）が増える

あらかじめ決めた期間の
死亡を保障
死亡保険金と同額の満期保

いわゆる“掛け捨て”
保険期間終了時、
解約返戻金はゼロ

いろいろある！定期保険

● 逓減定期保険（ていげんていきほけん）

保険期間の経過に応じて**保険金額が減ります**。

保険料は一定です。

子どもの成長にあわせて
必要保障額が減るから
使いやすいね

● 収入保障保険

死亡保険金が年金形式で支払われます。

一時金で受け取ることもできますが、早く受け取る分、**少なくなります**。

● 定期付終身保険

終身保険に定期保険を上乗せした保険。

更新型の場合、**更新後の保険料はアップ**します。

関係ないんだ

EXERCISE

このポイントを覚えよう！

定期保険の種類

普通の定期保険	保険金額は一定。一時金で支払われる
逓減定期保険	保険金額が減少していく（保険料は一定）
収入保障保険	保険金が年金形式で支払われる 一時金で受け取ることもできるが少なくなる

定期保険の種類

保険料	更新時点の年齢・保険料率で計算（通常、アップする）
健康状態が悪い場合	同額・減額更新の場合、健康状態を問わず、更新できる

定期保険特約付終身保険（更新型）は、定期保険特約を同額の保険金額で更新する場合、更新にあたって被保険者の健康状態についての告知や医師の診査は必要ない。

健康状態を問わず更新できます。

過去問 | 3択 | （22年9月）

収入保障保険の死亡保険金を一時金で受け取る場合の受取額は、一般に、年金形式で受け取る場合の受取総額（　　）。

1）と同額である
2）よりも多くなる
3）よりも少なくなる

例えば、10年間毎年100万円を受け取る契約の場合、一時金で受け取る場合は前倒しする分、1,000万円より少なくなります。

答　3

逓減定期保険は、保険期間の経過に伴い保険料が所定の割合で減少するが、死亡保険金額は保険期間を通じて一定である。

逆です。保険料は一定ですが、保険金額が徐々に減少します。

医療保障(病気・事故リスク)の保険

医療保険は、病気やケガによる入院や手術など、幅広く保障しますが、がん保険は、がんに絞って保障し、先進医療特約は公的医療保険が使えず、全額自己負担となる新しい治療法の費用を手当てする特約です。

医療保険とがん保険を比較！

<医療保険>

- ☑ 病気やケガを幅広く保障
- ☑ 入院給付金（日数制限あり）
- ☑ 手術給付金

<がん保険>

- ☑ がん限定の保障（死亡除く）
- ☑ 診断給付金
- ☑ 入院給付金（日数無制限）
- ☑ 手術給付金
- ☑ 契約後3カ月程度の免責期間

一般的にがん保険は、がん限定とする分、入院給付金の日数に制限がないなど厚く保障されるよ。ただ、契約後3カ月程度の免責期間があって、この期間にがんと診断されると無効になるから気をつけよう。

先進医療特約ってなに？

先進医療を受けたいけど、全額負担するお金がないよ!

公的医療保険が使えない場合の治療費は全額自己負担となり、高額療養費も対象外。こんなときに、先進治療費をカバーできるのが先進医療特約です。

契約時点ではなく、療養を受けた時点の先進医療が対象よ!

特定疾病保障保険って？

特定疾病保障保険は、定期保険や終身保険と同じ死亡保障も行いつつ、死亡前に**がん**、急性心筋梗塞、脳卒中に罹り所定の状態となった場合、**死亡保険金に代えて**、特定疾病保険金が支払われます。特定疾病保険金が支払われると、**契約は終了**します。

EXERCISE

このポイントを覚えよう！

医療保障の保険商品

医療保険	・病気やケガにより入院した場合には入院給付金、所定の手術を受けた場合には手術給付金が支払われる ・一般に、入院給付金は１入院および通算の限度日数がある
がん保険	・がんと診断されると診断給付金、がんで入院すると入院給付金、がんで手術を受けると手術給付金が支払われる ・入院給付金には限度日数がない ・契約後、３カ月程度の免責期間がある
疾病入院特約	・病気で入院すると入院給付金が支払われる ・病気や事故による手術を受けると手術給付金が支払われる
災害入院特約	・不慮の事故で入院すると入院給付金が支払われる
成人病（生活習慣病）入院特約	・がん、糖尿病等の成人病（生活習慣病）で入院すると入院給付金が支払われる
先進医療特約	・療養時に先進医療に該当する治療を受けると給付金が支払われる

医療保険等に付加される先進医療特約では、（　　）時点において厚生労働大臣により定められている先進医療が給付の対象となる。

1）　申込日
2）　責任開始日
3）　療養を受けた日

治療を受けるときに、公的医療保険が使えない治療費を助ける特約です。

答　3

がん保険において、がんの治療を目的とする入院により被保険者が受け取る入院給付金は、1回の入院での支払限度日数が180日とされている。

一般に医療保険では1入院の支払限度日数がありますが、がん保険にはありません。

答 

LESSON 17 医療保障（病気・事故リスク）の保険

LESSON 18

老後資金準備のための年金保険

老後資金準備のための保険として個人年金保険があります。年金を受け取ることができる期間に応じて、終身年金、確定年金、有期年金に分けられ、運用リスクを負う者に応じて、定額個人年金保険と変額個人年金保険に分けられます。

期間で分類すると…

- 一生もらえる**終身年金**
- あらかじめ定めた期間は被保険者の生死に関係なくもらえる**確定年金**
- あらかじめ定めた期間のうち、被保険者が生きている場合に限りもらえる**有期年金**

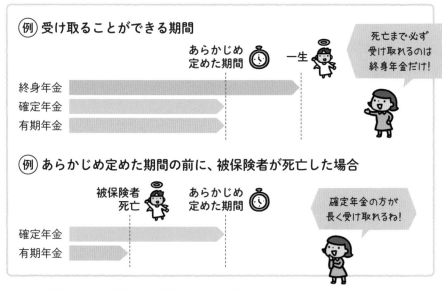

例 受け取ることができる期間

あらかじめ定めた期間　一生

終身年金
確定年金
有期年金

死亡まで必ず受け取れるのは終身年金だけ!

例 あらかじめ定めた期間の前に、被保険者が死亡した場合

被保険者死亡　あらかじめ定めた期間

確定年金
有期年金

確定年金の方が長く受け取れるね!

定額個人年金保険と変額個人年金保険

- **定額個人年金保険**：保険会社が運用リスクを負い、一般勘定で運用
- **変額個人年金保険**：契約者が運用リスクを負い、特別勘定で運用

変額個人年金保険は将来の年金額や解約返戻金は払込保険料を下回る可能性もあるけど、受取り開始前に被保険者が死亡した死亡給付金は、払込保険料が最低保障されるよ。

EXERCISE

このポイントを覚えよう!

個人年金保険の種類と受取開始後に被保険者が死亡した場合

	受取期間	受取中に被保険者が死亡
終身年金	終身	その時点で終了
確定年金	一定期間	定めた期間中は支給継続
有期年金	一定期間	その時点で終了

過去問 | ○×選択 | (21年5月)

個人年金保険において、確定年金は、年金支払期間中に被保険者が生存している場合に限り、契約で定めた一定期間、年金が支払われる。

この問題文は有期年金の説明です。

過去問 | 3択 | (21年5月)

変額個人年金保険は、(①) の運用実績に基づいて将来受け取る年金額等が変動するが、一般に、(②) については最低保証がある。

1) ① 特別勘定　② 死亡給付金額
2) ① 特別勘定　② 解約返戻金額
3) ① 一般勘定　② 解約返戻金額

変額個人年金保険は特別勘定で運用されます。最低保障があるのは死亡給付金です。

1

LESSON 19

生命保険料の控除について

個人で死亡、医療、老後に備えて生命保険に加入した場合、要件を満たせば支払った生命保険料について**生命保険料控除**として所得控除の適用を受けられます。
生命保険料控除には、「一般」「介護」「個人年金」の3つの種類があります。

所得税に関する生命保険料控除（2012年以降の契約を前提）

		控除限度額	
	主に死亡リスクの保険 ⇨	一般 4万円	定期保険、終身保険など
	主に病気リスクの保険 ⇨	介護医療 4万円	医療保険、がん保険、先進医療特約など
	主に老後リスクの保険 ⇨	個人年金 4万円	定額個人年金保険（変額は一般）
	合計	12万円	

控除を受けられない生命保険もある！

少額短期保険の保険料、団体信用生命保険は対象外です。また、2012年以降に契約した**傷害特約、災害割増特約、災害入院特約の保険料も対象外**です。

病気を保障しないから
生命保険扱いしないってことか！

EXERCISE

このポイントを覚えよう!

所得税の生命保険料控除の限度額

適用制度	旧制度のみ	新制度のみ	新旧双方
一般	5万円	4万円	4万円
介護医療	–	4万円	–
個人年金	5万円	4万円	4万円
新旧通算限度額		12万円	

生命保険料控除の種類

保険の種類	旧制度	新制度
終身保険、定期保険等	一般	
要件を満たす個人年金保険	個人年金	
変額個人年金保険	一般	
災害割増特約、傷害特約、災害入院特約	一般	対象外
医療保険、がん保険、先進医療特約	一般	介護医療

※旧制度は2011年までの契約

過去問 | 3択 | (23年1月)

所得税において、個人が本年中に締結した生命保険契約に基づく支払保険料のうち、(　　)に係る保険料は、介護医療保険料控除の対象となる。

1) 傷害特約
2) 定期保険特約
3) 先進医療特約

傷害特約は対象外、定期保険は一般、先進医療は介護医療です。

答 3

過去問 | 3択 | (22年1月)

本年5月に加入した契約者(=保険料負担者)および被保険者を夫、死亡保険金受取人を妻とする終身保険の保険料を、本年中に12万円支払った場合、夫に係る所得税の生命保険料控除の控除額は(　　)となる。

1) 4万円
2) 5万円
3) 12万円

新制度で、年間で8万円以上の生命保険料を支払った場合、所得税の生命保険料控除の限度額は4万円です。

答 1

LESSON
20

個人契約の生命保険金等にかかる税金

個人契約の生命保険契約の保険金等に対する課税は保険金・給付金の種類と契約形態で異なります。受け取る保険金・給付金が「**死亡**」「**満期**」「**解約**」「**老後の年金**」の4つの場合は**課税されます**が、**それ以外（入院、手術等）は原則、非課税**です。

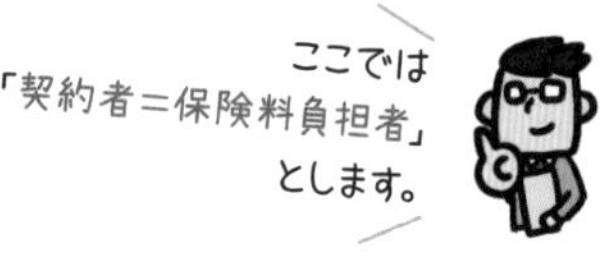
ここでは
「契約者＝保険料負担者」
とします。

死亡	満期・解約	老後の年金	入院・手術等
課税	課税	課税	非課税

課税される場合の考え方

契約者と受取人が同じ場合は所得税となります。
契約者と受取人が違う場合、通常、贈与税ですが、契約者が死亡した場合の死亡保険金だけは相続税となります。

死亡保険金の課税

契約者	被保険者	受取人	課税
A	A	相続人	相続税（非課税あり）
A	A	相続人以外	相続税（非課税なし）
A	B	A	所得税
A	B	C	贈与税

契約者と受取人が同じ場合（課税される場合）

一時金で受け取るよ！ ➡ 所得税（一時所得）

分割で受け取るよ！ ➡ 所得税（雑所得）

EXERCISE

過去問 | ○×選択 | （22年1月）

所得税において、医療保険の被保険者が病気で入院したことにより受け取った入院給付金は、非課税である。

死亡、満期、解約、老後の
年金以外だから非課税です。

過去問 | 3択 | （23年5月）

会社員の村瀬徹さんが加入している生命保険は下表のとおりである。下表の保険契約A～Cについて、保険金が支払われた場合の課税に関する次の記述のうち、最も適切なものはどれか。

	保険種類	保険契約者（保険料負担者）	被保険者	死亡保険金受取人	満期保険金受取人
契約A	終身保険	徹さん	徹さん	妻	－
契約B	特定疾病保障保険	徹さん	妻	子	－
契約C	養老保険	徹さん	徹さん	妻	徹さん

1．契約Aについて、徹さんの妻が受け取る死亡保険金は贈与税の課税対象となる。
2．契約Bについて、徹さんの子が受け取る死亡保険金は相続税の課税対象となる。
3．契約Cについて、徹さんが受け取る満期保険金は所得税・住民税の課税対象となる。

解答・解説

1．死亡保険金だから課税対象。契約者である被保険者が死亡しているため、相続税の対象。

2．死亡保険金だから課税対象。契約者、被保険者、受取人が全部異なるから、贈与税の対象。

3．満期保険金だから課税対象。契約者が受け取っているから、所得税の対象。

3

LESSON 21 生命保険は解約返戻金が役立つ

解約返戻金を担保にして、お金を借りたり、途中で保険料の払込を中止しても契約を継続できます。

役立つ解約返戻金　～お金を借りる場合～

宝くじ
買おうかしら?
子どもの学費が
高くって、
今お金がないのよ～

宝くじ、当たれば
いいけどね…
生命保険入ってる?
解約返戻金を担保にして
お金を借りられるのよ

一時的に借りたい場合	一時的に保険料の支払いができない場合
契約者貸付	自動振替貸付

借りられるのは、
解約返戻金の一定範囲内だよ

借りられるのは、
解約返戻金の範囲内だよ

役立つ解約返戻金　～保険契約を継続する場合～

今後の保険料の払込を中止して、解約返戻金を元に保険契約を継続できます。

●払済保険

元の保険 → 払込中止 → 保険期間は元の保険と同じ、または終身

保険金額は
小さくなるよ

●延長保険

元の保険 → 払込中止 → 保険期間は最長で元の保険と同じ

保険金額は
同じだけど
元の保険
以上の延長は
できないのね

払済保険のリビング･ニーズ※ 特約等を除き、
特約は消滅するから、注意が必要です。

※余命６カ月以内と診断された場合に原因を問わず保険金を受け取ることができる特約

EXERCISE

このポイントを覚えよう！

契約者貸付と自動振替貸付

	担保	制度概要
契約者貸付	解約返戻金の一定範囲内	一時的に不足する資金の貸付けを受ける制度
自動振替貸付	解約返戻金の範囲内	払込猶予期間内に保険料を払えなかった場合、保険会社が保険料を立て替える制度

払済保険、延長保険

	保険期間	保険金額	変更後の保険	特約
払済保険	変わらないまたは終身	小さくなる	貯蓄型保険	原則消滅※
延長保険	最長で元の保険期間	変わらない	定期保険	

※払済保険のリビング・ニーズ特約等を除く

過去問 | ○×選択 | （23年5月）

延長保険とは、一般に、保険料の払込みを中止して、その時点での解約返戻金を基に、元契約よりも長い保険期間の定期保険に変更する制度である。

保険期間は元の期間よりも延長できないけど、延長保険といいます。

答 ×

過去問 | 3択 | （23年1月）

生命保険契約の契約者は、契約者貸付制度を利用することにより、契約している生命保険の（　　）の一定の範囲内で保険会社から貸付を受けることができる。

1）　既払込保険料総額
2）　解約返戻金額
3）　死亡保険金額

契約者貸付では解約返戻金の一定範囲内でお金を借りることができます。

答 2

LESSON 22 火災保険と地震保険について

火災保険は、火災だけでなく、水災、風災、盗難などの被害も補償しますが、地震、噴火、津波による損害は火災保険では補償されず、**地震保険**で補償されます。
軽過失（ちょっとした過ち）の**失火**による隣家の火事のもらい火が原因で損害を受けた場合は**加害者に損害賠償請求できず**、自己負担となりますから、火災保険の加入はとても重要です。

火災保険の補償範囲は？
火災
水害
地震
補償される!
補償される!
補償されない

地震保険は、火災保険に付帯して申し込みます。ただし、保険金額は最高で、火災保険の半分（**50%**）、かつ建物は**5,000万円**、家財は**1,000万円**までとなっています。

地震保険の保険料

地震保険の保険料はどこの保険会社、代理店で契約しても同じです。保険料は建物構造と所在地で決まります。木造住宅はマンションよりも構造が弱い分、一般的に高くなります。

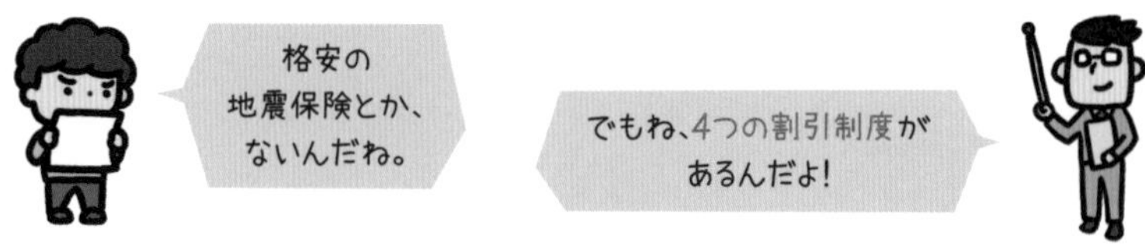
格安の
地震保険とか、
ないんだね。
でもね、4つの割引制度が
あるんだよ!

地震保険には、耐震等級割引、免震建築物割引、建築年割引、耐震診断割引の**4つの割引制度**があります。ただし、**重複して利用できません**。

EXERCISE

このポイントを覚えよう！

失火責任法による損害賠償責任

軽過失＆失火＆隣家	免責
重過失・故意　または　ガス爆発　または　借家	有責

地震保険

補償対象物件	住宅建物および家財
申し込み	火災保険に付帯。中途付帯はできる
補償	地震・噴火・津波を原因とする火災、埋没、損壊、流失
保険金額	主契約の30％〜50％　建物5,000万円、家財1,000万円が限度
保険料の割引	４つあり、重複適用できない
保険金	全損（100％）、大半損（60％）、小半損（30％）、一部損（５％）

過去問 | 3択 | （23年5月）

民法および失火の責任に関する法律（失火責任法）において、借家人が軽過失によって火事を起こし、借家と隣家を焼失させた場合、借家の家主に対して損害賠償責任を（①）。また、隣家の所有者に対して損害賠償責任を（②）。

1）①負わない　②負う
2）①負う　②負う
3）①負う　②負わない

軽過失の失火の場合、隣家に対しては損害賠償責任を負いませんが、家主に対しては損害賠償責任を負います。

地震保険の保険金額は、火災保険の保険金額の一定範囲内で設定するが、居住用建物については（①）、生活用動産については（②）が上限となる。

1）①1,000万円　②500万円
2）①3,000万円　②1,000万円
3）①5,000万円　②1,000万円

建物は5,000万円、家財は1,000万円が上限です。

LESSON
23

自動車の保険は2段階!

自動車損害賠償責任保険（自賠責保険）は**対人賠償**に限り補償し、任意の自動車保険は、対人賠償に加えて、対物賠償、自分の車両の補償、自分の傷害・死亡等を補償します。

もしも自動車事故を起こしてしまったら…

- ☑ 死亡……… 最高3,000万円
- ☑ 後遺障害… 最高4,000万円
- ☑ 傷害……… 最高120万円

補償はこれだけ…
足りないよ

不足を補う！任意保険

自賠責保険で不足する部分は対人賠償保険、**他人の車両や財産等**に損害を与えた場合の**対物**賠償保険、自分の車両の損害を補償する車両保険、自分の傷害・死亡を補償する人身傷害補償保険等があります。

対人賠償保険	対物賠償保険	車両保険	人身傷害補償保険
第三者の身体・生命を補償	第三者の財産等を補償	自分の車を補償	自分の身体・生命等を補償

ココに注意！

対人賠償・対物賠償保険は、被害者が本人、配偶者、子、父母は補償対象外！

兄弟は補償されるよ

車両保険は、地震・噴火・津波による損害は、特約がない限り補償しません。

人身傷害補償保険は、運転者の過失割合にかかわらず、保険金額の範囲内で損害額の全額が補償されます。

保険料高いけど
やっぱり安心!

EXERCISE

このポイントを覚えよう!

自賠責保険

補償対象	対人賠償事故
補償限度額	被害者1名あたり死亡3,000万円、後遺障害4,000万円、傷害120万円

任意の自動車保険

対人賠償保険・対物賠償保険	本人、配偶者、子、父母が被害者の場合は対象外
人身傷害補償保険	自分の過失割合部分を含めて補償される
車両保険(地震)	特約がなければ、対象外

過去問 | 3択 | (23年9月)

自動車損害賠償責任保険(自賠責保険)において、被害者1人当たりの保険金の支払限度額は、加害車両が1台の場合、死亡による損害については(①)、傷害による損害については(②)である。

1) ① 3,000万円　② 120万円
2) ① 3,000万円　② 150万円
3) ① 4,000万円　② 150万円

自賠責保険の保険金限度額は、死亡3,000万円、傷害は120万円です。

答 1

過去問 | ○×選択 | (23年9月)

自動車保険の車両保険では、一般に、被保険自動車が洪水により水没したことによって被る損害は、補償の対象となる。

津波の損害は特約がなければ補償されませんが、洪水は補償されます。

答 ○

LESSON
24

傷害保険とは？

医療保険は、病気や事故による入院や手術などを補償しますが、**傷害保険**は、原則病気は補償対象外で、**急激・偶然・外来**の理由による**ケガ**を補償します。

普通傷害保険の補償範囲は？

転倒して
骨折したよ

補償範囲内！

細菌性食中毒に
なったよ

補償範囲外

食中毒は
ケガではないから…

地震・噴火・津波で
傷害！

補償範囲外
（特約ない場合）

保険会社の
リスクも大きすぎる
からね

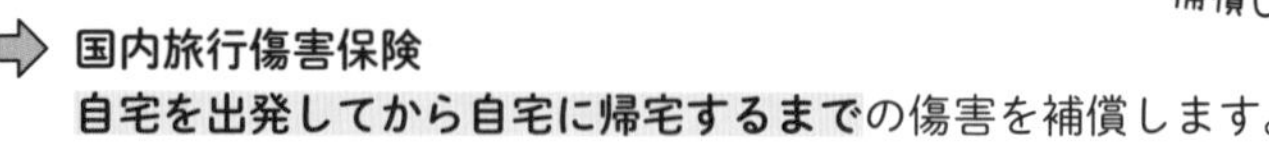
いろいろある！　傷害保険

旅行の保険は
細菌性食中毒も
補償してくれるって！

家族傷害保険
事故発生時の家族全員の傷害を補償します。

国内旅行傷害保険
自宅を出発してから自宅に帰宅するまでの傷害を補償します。

海外旅行傷害保険
国内旅行傷害保険の補償に加えて、**地震・噴火・津波による傷害も補償します**。

EXERCISE

このポイントを覚えよう!

普通傷害保険と他の傷害保険の違い

普通傷害保険	細菌性食中毒、ウィルス性食中毒は対象外 特約がない限り、地震・噴火・津波による傷害は対象外
家族傷害保険 （普通傷害保険の家族版）	本人、配偶者、生計を一にする同居親族、別居の未婚の子 （傷害発生時に判定）
国内旅行傷害保険	細菌性食中毒、ウィルス性食中毒も補償 特約がない限り、地震・噴火・津波による傷害は対象外
海外旅行保険	細菌性食中毒、ウィルス性食中毒も補償 海外における地震・噴火・津波による傷害を補償

過去問 | 3択 | （22年9月）

普通傷害保険（特約付帯なし）において、一般に、（　　）は補償の対象となる。

1） 国内旅行中の飲食による細菌性食中毒
2） 海外旅行中に階段を踏み外して転倒したことによる骨折
3） 脳梗塞により意識を失って転倒したことによる骨折

1）細菌性食中毒はケガではないので補償しません。
2）急激、偶然、外来の傷害なので補償します。
3）病気が原因の骨折なので補償しません。

答　2

過去問 | ○×選択 | （23年1月）

海外旅行傷害保険では、海外旅行中に発生した地震によるケガは補償の対象となる。

普通傷害保険では原則補償しませんが、
海外旅行傷害保険なので補償します。

答　○

賠償責任保険と企業向け保険

第三者の体・命・財産に損害を与えてしまうと、その賠償金も巨額になり、その後の人生、会社の経営に大きな影響を及ぼします。その備えになるのが賠償責任保険です。

個人賠償責任保険の補償対象は？

散歩中、飼い犬が人に噛みついた ⇒ 補償範囲内！

通学中、自転車で人にぶつかった ⇒ 補償範囲内！

自転車運転中の事故、思わぬ大きな損害になることも！

配達中、配達物が壊れちゃった ⇒ 補償範囲外

自動車事故、起こしちゃった ⇒ 補償範囲外

配達は業務だから、対象に入らないよ。自動車事故は、自動車保険での補償となるよ。

例えば、こんな損害を補償します！

業務中の賠償事故を補償する保険って？

業務中の賠償事故を補償する商品には、生産物賠償責任保険、施設所有管理者賠償責任保険等があります。

＜生産物賠償責任保険＞

- ☑ 販売したお弁当、提供した食事が原因で食中毒発生！
- ☑ 販売した家電が発火して、火事発生！火傷を負わせた！

＜施設所有管理者賠償責任保険＞

- ☑ 来店客が店内で滑ってケガをした！

賠償保険のほか、偶然な事故により営業できなくなったために**失った利益や、かかった費用を補償する企業費用・利益総合保険**もあります。

EXERCISE

このポイントを覚えよう!

個人賠償責任保険で補償されないケース

- 業務中の賠償事故
- 同居親族に対する賠償事故
- 自動車(原動機付き自転車を含む)の運転中の賠償事故

企業向け賠償責任保険の補償例

生産物賠償責任保険	製造・販売した家電が発火し、火傷させた、火事を起こした 販売・提供した食事、お弁当が原因で食中毒を起こした
施設所有管理者賠償責任保険	介護施設で、ヘルパーが誤って入居者を転倒させて負傷した 来店客が、店側の清掃不行届が原因で、滑って負傷した
請負業者賠償責任保険	建設作業中に資材を落下させ、通行人にケガをさせてしまった

個人賠償責任保険(特約)では、被保険者が(　　)、法律上の損害賠償責任を負うことによって被る損害は、補償の対象となる。

1) 業務中に自転車で歩行者に衝突してケガをさせてしまい
2) 自動車を駐車する際に誤って隣の自動車に傷を付けてしまい
3) 買い物中に誤って商品を落として破損させてしまい

1) 自転車運転中ですが、業務中なので補償されません。
2) 自動車事故なので補償されません。
3) 買い物中の賠償事故なので補償されます。

過去問 | 3択 | (22年5月)

スーパーマーケットを経営する企業が、店舗内で調理・販売した食品が原因で食中毒を発生させ、顧客に対して法律上の損害賠償責任を負うことによって被る損害を補償する保険として、(　　)がある。

1) 生産物賠償責任保険(PL保険)
2) 請負業者賠償責任保険
3) 施設所有(管理)者賠償責任保険

製造・販売した商品が原因の損害賠償に備えるには、生産物賠償責任保険が適切です。

個人契約の損害保険と税金

個人が個人的に契約する損害保険の保険料は、生命保険と少し異なり、原則、地震保険の保険料に限り、所得控除（地震保険料控除）の対象となります。

個人契約の損害保険での所得控除は原則、地震保険だけ！

保険いっぱい入ったから
控除申告大変だなぁ♪

火災保険でしょ、
自動車保険でしょ、
傷害保険でしょ、
えっと、それから・・・

控除受けられるのは、
地震保険だけだよ・・・

残念！　地震保険だけ
入ってなかったのね・・・

地震保険料控除は、所得税5万円・
住民税2.5万円が上限だよ。

個人で契約する損害保険、課税はどうなるの？

個人が個人的に契約する損害保険の保険料の課税・非課税は、ほぼ、生命保険と同じと理解しましょう。

死亡	満期・解約	老後の年金	火災保険金	車両保険金
課税	課税	課税	非課税	非課税

全く同じではないけれど、3級では
基本をしっかり理解すれば大丈夫だよ。

EXERCISE

このポイントを覚えよう！

地震保険料控除

所得税	支払った保険料の全額（最高５万円）
住民税	支払った保険料の２分の１（最高2.5万円）

個人契約の損害保険金等の税金

車両保険金、火災保険金	非課税
損害賠償金、無保険車傷害保険金	非課税
死亡保険金、年金、満期返戻金、解約返戻金	原則、生命保険と同じ

過去問 | 3択 | （22年5月）

所得税において、個人が支払う地震保険の保険料に係る地震保険料控除は、原則として、（ ① ）を限度として年間支払保険料の（ ② ）が控除額となる。

1） ① ５万円　　② 全額
2） ① ５万円　　② ２分の１相当額
3） ① 10万円　　② ２分の１相当額

所得税では支払った全額、最高５万円が所得控除の対象となります。

答 1

過去問 | ○×選択 | （23年5月）

自宅が火災で焼失したことにより契約者（＝保険料負担者）が受け取る火災保険の保険金は、一時所得として所得税の課税対象となる。

火災保険の保険金なので、非課税です。

答 ×

生命保険会社の顧客保護制度

国内で営業する生命保険会社が破綻した場合、原則として保険契約者保護機構が一定の補償をしてくれます。ただし、補償が小さくなりますので、健全性が高い保険会社を選び、契約することが大切です。

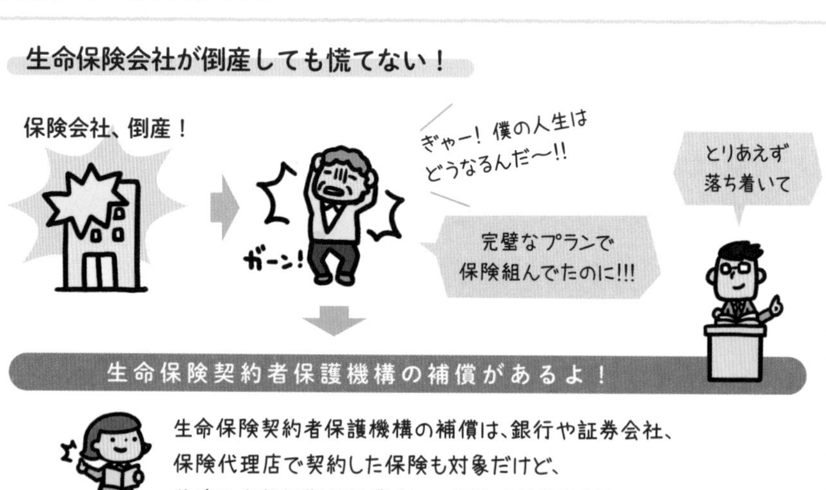

生命保険会社が倒産しても慌てない！
保険会社、倒産！
ぎゃー！ 僕の人生はどうなるんだ〜!!
ガーン！
完璧なプランで保険組んでたのに!!!
とりあえず落ち着いて
生命保険契約者保護機構の補償があるよ！
生命保険契約者保護機構の補償は、銀行や証券会社、保険代理店で契約した保険も対象だけど、共済や少額短期保険業者との契約は対象外だよ。

生命保険契約者保護機構はどのくらい補償してくれる？

原則、保険契約の責任準備金等の90％が補償され、10％は自己責任となります。責任準備金とは、保険会社が保険金の支払いに備えて責任をもって準備するべき資金のことをいいます。

保険金額の90%ではないよ。保険契約の責任準備金等の90%だからね。

注意して！

保険会社の健全性は何を調べるといいの？

健全性の判断指標の１つに、想定を超えるリスクに対する支払余力を示すソルベンシー・マージン比率があり、**200％**を下回ると金融庁から早期是正措置がとられます。

契約する時に、営業に聞いたり、調べたりしてみてね。

EXERCISE

このポイントを覚えよう!

生命保険契約者保護機構

国内で営業する生命保険会社	外資系も含めて加入 直接契約も代理店契約も対象
共済、少額短期保険業者	加入対象外

生命保険会社の健全性

ソルベンシー・マージン比率	200%を下回ると、早期是正措置 0%を下回ると、業務停止命令
生命保険契約者保護機構	原則、破綻時の責任準備金等の90%を補償

過去問 | 3択 | (24年1月)

国内で事業を行う生命保険会社が破綻した場合、生命保険契約者保護機構による補償の対象となる保険契約については、高予定利率契約を除き、(①)の(②)まで補償される。

1) ① 既払込保険料相当額　② 70%
2) ① 死亡保険金額　② 80%
3) ① 責任準備金等　② 90%

原則、責任準備金等の90%が補償されます。

答 3

過去問 | 3択 | (21年5月)

ソルベンシー・マージン比率は、保険会社が、通常の予測を超えて発生するリスクに対し、保険金等の支払余力をどの程度有するかを示す指標であり、この値が(　)を下回ると、監督当局による早期是正措置の対象となる。

1) 200%
2) 250%
3) 300%

200%を下回ると早期是正措置の対象となります。覚えておいてくださいね。

答 1

3章 金融資産運用

この科目は金融・経済の基礎知識から、債券、株式、投資信託、外貨建て商品等の投資性商品やこれらに投資するときに重要となる考え方（ポートフォリオ理論）、税金などについて学習します。

Q. 株価をどうやって予想するの？

A 株価は景気（業績）よりも早く動きます。だから、景気の先行きや現状を把握するための経済指標や株価指数を調べたり、株価や今後の利益、配当金などから、割高か、割安かを分析することが大切です。

Q. 金利の高い・低いは どんなことに影響するの？

A たとえば今後の金利が上昇しそうな通貨は高くなり、下落しそうな通貨は安くなります。金利１％と５％なら５％の通貨を持つ方が多くの利益が得られます。金利は債券や株価にも大きく関係しています。

水は高いところから
低いところに流れるけど、
お金は逆なんだよ

Q. ポートフォリオ理論って何？

A 資産運用をするとき、できるだけ値動きの異なるものを組み合わせて持つことが重要です。こうすることでリスクを低減でき、利益が安定します。安定した資産運用を行うための考え方を学習します。

経済の基礎知識と金融政策を学ぼう!

株価、物価、金利の関係を理解すると、景気の状態が分かり、次にどうなるかを予測しやすくなります。

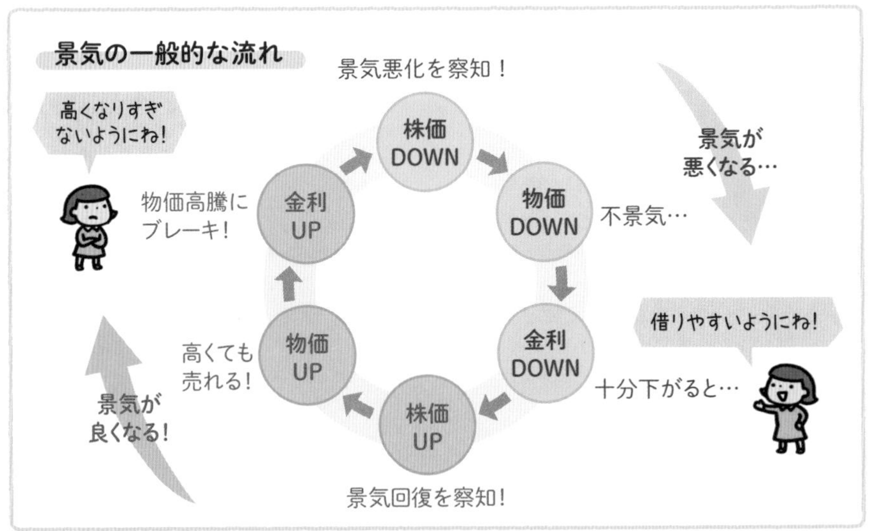

景気の循環　3つの疑問

景気が良くなっていると思えないのに、なんで株価は上がるの?

株は安く買って高く売ると儲かるので、今後儲かる会社の株が買われます。つまり、株価は景気よりも早く動くということです。その後、実際に景気がよくなると、物価が高くても売れるから物価が上がりやすくなります。

物価が上昇するとなんで金利を上げるの?

株価や物価があがったのに金利が低いままだと、低い金利でお金を借りてモノを買う人が増えて物価が上がりすぎてしまいます。そのため、金利を上げることで物価の上昇を抑える必要があります。

金利は物価調整のお目付け役なんだね

金利は誰が操作するの?

短期金利は中央銀行(日本は日本銀行)がコントロールしています。例えば、日本銀行が**買いオペ**(世の中に出回っている債券等を買うこと)を実施して日本銀行からお金が出回ると、**お金の量が増えるので金利は下がりやすく**なります。

売りオペは、その反対!

EXERCISE

このポイントを覚えよう！

日本銀行の公開市場操作（買いオペ・売りオペ）と資金供給量、金利

買いオペ	市中の債券等を購入し、市中に資金を供給する	市中の資金量が増加し、金利は下落する
売りオペ	保有する債券等を売却し、市中の資金を引き上げる	市中の資金量が減少し、金利は上昇する

過去問 | 3択 | （23年1月）

日本銀行の金融政策の１つである（①）により、日本銀行が長期国債（利付国債）を買い入れた場合、市中に出回る資金量が（②）する。

1） ① 預金準備率操作　② 増加
2） ① 公開市場操作　② 増加
3） ① 公開市場操作　② 減少

公開市場操作のうち、買いオペを実施すると日本銀行がお金を供給するので、資金量が増えて金利が下がりやすくなります。

2

過去問 | ○×選択 | （22年9月）

日本銀行の金融政策の１つである公開市場操作（オペレーション）のうち、国債買入オペは、日本銀行が長期国債（利付国債）を買い入れることによって金融市場から資金を吸収するオペレーションである。

公開市場操作のうち、買いオペを実施すると日本銀行がお金を供給するから、資金量が増えます。

経済指標は景気・経済の体温計！

空気も景気も、それ自体は目に見えにくいもの。見えにくい景気を数値化した経済指標で、景気の状態を知ることができます。

中長期の資産運用で一番注目したい経済指標はコレ！

GDP　国内総生産

要するに、国が稼ぐ力ってことだね。

一定期間で国内で生み出される利益。
額面を示す名目GDPと、物価変動調整後の実質GDPがあります。

さまざまな経済指標

景気動向指数

代表的な経済指標を活用して、景気の動向を把握するための指数。
景気の現在値との関係で先行指数、一致指数、遅行指数に分けられます。
勢い・量感を把握するCIと、波及度合いを把握するDIがあります。

日銀短観

社長等に対する景気のアンケート調査等

物価指標

誰（消費者、企業）が
購入するか、商品のみか、
サービスを含むかの違いだよ。

消費者が購入する商品・サービスを対象とする**消費者物価指数**と
企業間で取引される商品を対象とする**企業物価指数**があります。

マネーストック

出回っているお金の量。**国と金融機関が保有するお金は対象外。**

国と金融機関が保有するお金は、
市場に出回っていないから含まない。

EXERCISE

このポイントを覚えよう！

主な経済指標と公表機関

公表機関	指標	内容
内閣府	GDP	名目GDP：額面の数値 実質GDP：物価変動調整後
	景気動向指数	先行指数：景気に先行（東証株価指数、新規求人数等） 一致指数：景気と一致（有効求人倍率等） 遅行指数：景気に遅行（完全失業率、消費者物価指数等） CI：勢い・量感を表す DI：波及度合いを表す
日本銀行	日銀短観	社長等に対するアンケート調査等
	企業物価指数	企業間で取引される商品を対象
	マネーストック	個人、企業、地方公共団体が保有する資金量
総務省	消費者物価指数	消費者が購入する商品・サービスを対象

過去問 ｜○×選択｜（23年9月）

景気動向指数において、コンポジット・インデックス（CI）は、景気拡張の動きの各経済部門への波及度合いを測定することを主な目的とした指標である。

波及度合いを示すのはDIです。

過去問 ｜3択｜（23年9月）

一定期間内に国内で生産された財やサービスの付加価値の合計額から物価変動の影響を取り除いた指標を、（　　）という。

1）実質GDP
2）名目GDP
3）GDPデフレーター

物価変動の影響を取り除いた数値は実質GDPです。

答　1

債券の商品性とリスクとは？

債券は、お金を借りたい団体が発行する金融商品です。お金を貸す場合、信用できる相手に貸したい、できるだけ高い金利で貸したいところですが、貸した相手が返済できなくなるリスクも考える必要があります。

債券のチェックポイントとは？

債券の買うときのチェックポイントは、「いくらで買えるのか？」「金利はどの程度か？」「いつ返してもらえるのか」「信用度はどうか」の４点です。

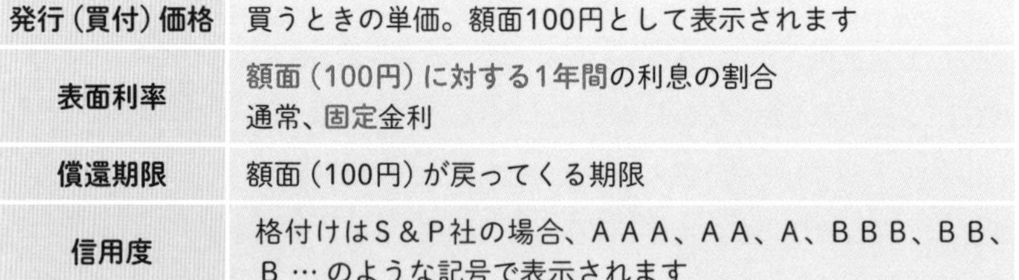

発行（買付）価格	買うときの単価。額面100円として表示されます
表面利率	額面（100円）に対する1年間の利息の割合 通常、固定金利
償還期限	額面（100円）が戻ってくる期限
信用度	格付けはＳ＆Ｐ社の場合、ＡＡＡ、ＡＡ、Ａ、ＢＢＢ、ＢＢ、Ｂ…のような記号で表示されます

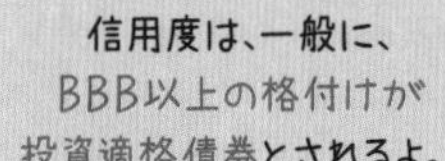

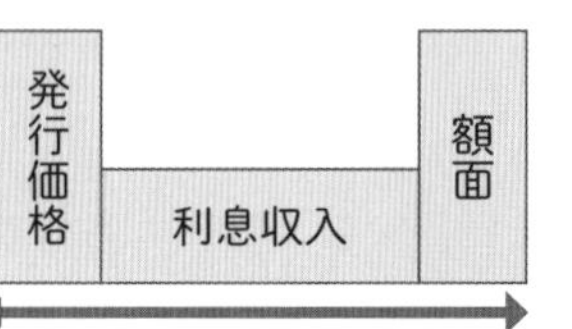

格付けが高いということは、信用度が高い（ローリスク）ので、**債券価格は高く、利回りは低くなりやすい**傾向があります。

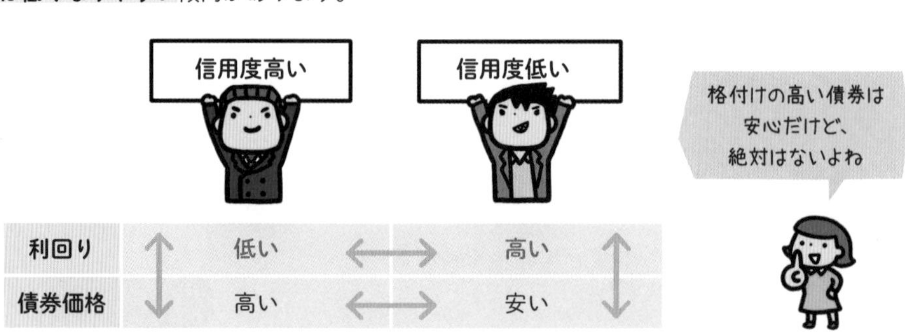

	信用度高い		信用度低い
利回り	低い	↔	高い
債券価格	高い	↔	安い

EXERCISE

このポイントを覚えよう！

債券の投資リスク

価格変動リスク	市場金利上昇（下落）→債券価格下落（上昇） 債券価格上昇（下落）→利回り下落（上昇）
信用リスク	格付けが高いほど、債券価格は高く、利回りは低い 格付けが低いほど、債券価格は安く、利回りが高い

過去問｜○×選択｜（22年9月）

債券の信用格付において、B（シングルビー）格相当以上の格付が付された債券は、一般に、投資適格債とされる。

ＢＢＢ以上は投資適格債券とされます。

過去問｜○×選択｜（23年5月）

一般に、残存期間や表面利率（クーポンレート）が同一であれば、格付の高い債券ほど利回りが低く、格付の低い債券ほど利回りが高くなる。

ローリスク（格付けが高い）・ローリターン（利回りが低い）
ハイリスク（格付けが低い）・ハイリターン（利回りが高い）
です。

債券の利回り計算をしよう!

利回りとは投資金額に対する1年あたりの利益の割合をいいます。利益には利息のほか、買った金額との差額である利益である売却益、償還差益があります。

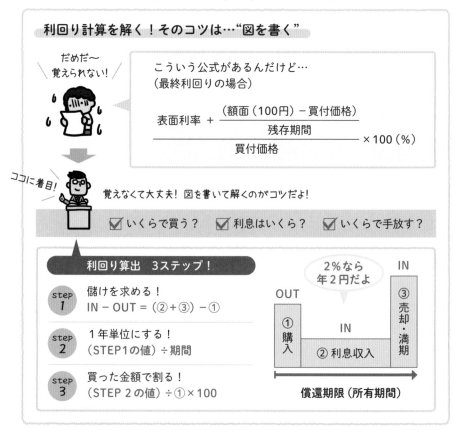

利回り計算を解く！そのコツは…“図を書く”

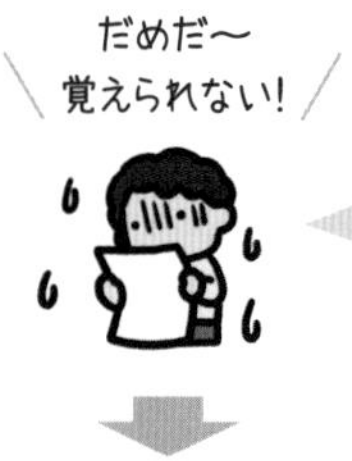

だめだ〜
覚えられない!

こういう公式があるんだけど…
（最終利回りの場合）

$$\frac{表面利率 + \frac{(額面(100円) - 買付価格)}{残存期間}}{買付価格} \times 100(\%)$$

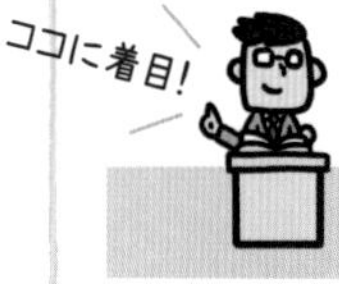

ココに着目!

覚えなくて大丈夫! 図を書いて解くのがコツだよ!

☑いくらで買う？　☑利息はいくら？　☑いくらで手放す？

利回り算出　3ステップ！

step 1　儲けを求める！
IN − OUT = (②+③) − ①

step 2　1年単位にする！
(STEP1の値) ÷ 期間

step 3　買った金額で割る！
(STEP 2の値) ÷ ① × 100

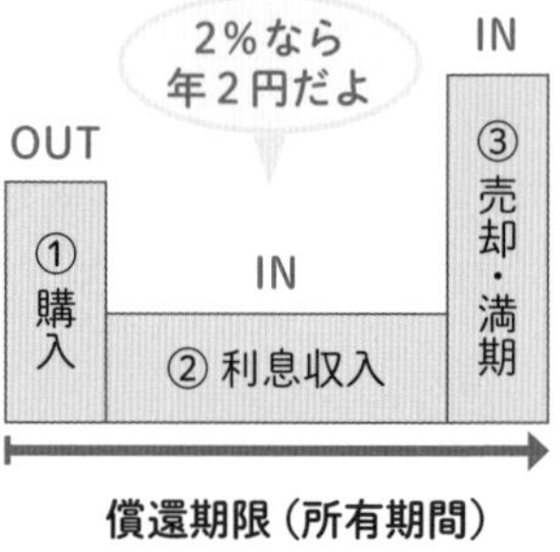

OUT
① 購入
IN
② 利息収入
IN
③ 売却・満期
2%なら
年2円だよ
償還期限（所有期間）

利回りは、持っている期間に応じて、**応募者**利回り、**最終**利回り、**所有期間**利回りなどがあります。

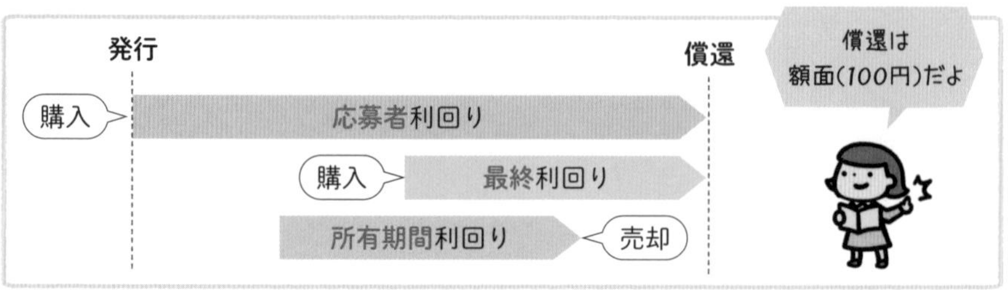

EXERCISE

このポイントを覚えよう!

債券の利回り＝収益÷所有期間（年）／買付価格×100

応募者利回り	発行から償還まで所有する場合
最終利回り	途中で購入し、償還まで所有する場合
所有期間利回り	途中で売却した場合
直接利回り	年間利息の購入金額に対する割合（売却、償還を考慮しない）

過去問 | 3択 | (23年9月)

表面利率（クーポンレート）3％、残存期間2年の固定利付債券を額面100円当たり105円で購入した場合の最終利回り（年率・単利）は、（　　）である。なお、税金等は考慮しないものとし、計算結果は表示単位の小数点以下第3位を四捨五入している。

1） 0.48％　　2） 0.50％　　3） 0.53％

答　1

3ステップでテンポよく計算しよう！

step 1　もうけ

②（3円×2年＝6円）＋③（額面100円）－①（105円）＝1円

step 2　1年あたり　1円÷2年＝0.5円

step 3　0.5÷105×100≒0.48％

過去問 | 3択 | (23年5月)

表面利率（クーポンレート）2％、残存期間5年の固定利付債券を、額面100円当たり104円で購入し、2年後に額面100円当たり102円で売却した場合の所有期間利回り（年率・単利）は、（　　）である。なお、税金や手数料等は考慮しないものとし、答は表示単位の小数点以下第3位を四捨五入している。

1） 0.96％　　2） 1.54％　　3） 2.88％

答　1

3ステップでテンポよく計算しよう！

step 1　もうけ

②（2円×2年＝4円）＋③（額面102円）－①（104円）＝2円

step 1　1年あたり　2円÷2年＝1円

step 1　1÷104×100≒0.96％

残存期間5年に
ひっかからないようにね

LESSON
32

債券の価格変動リスクと個人向け国債

債券価格と金利は反対の方向に動きます。たとえば金利上昇前の**債券価格を下げることで、金利上昇後の債券と同じ利回りになるように調整**されます。 同様に、金利が下がると債券価格は上昇します。

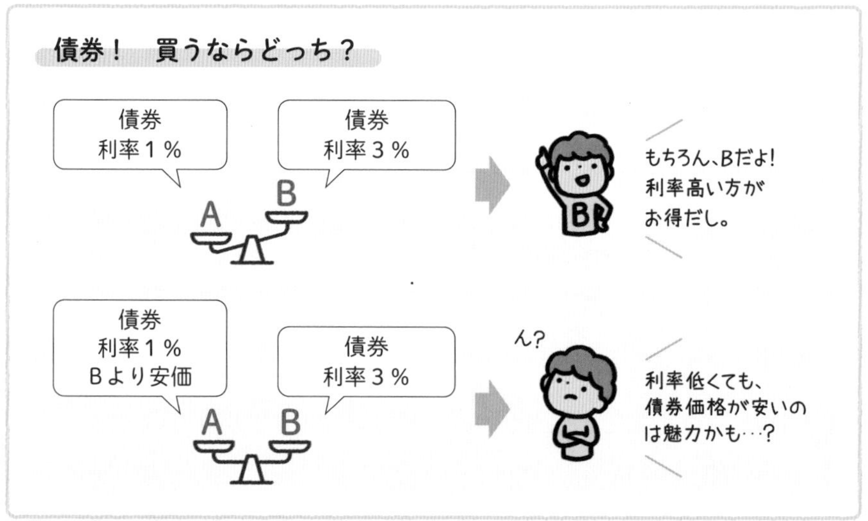
債券！　買うならどっち？
債券
利率１％
債券
利率３％
A
B
もちろん、Bだよ！
利率高い方が
お得だし。
債券
利率１％
Bより安価
債券
利率３％
A
B
ん？
利率低くても、
債券価格が安いの
は魅力かも…？

初心者の味方！　個人向け国債

個人向け国債は、３年もの、５年もの、10年ものの３種類があり、発行から**１年**経てば、金利変動に関係なく額面金額を基準に計算した金額で換金できます。

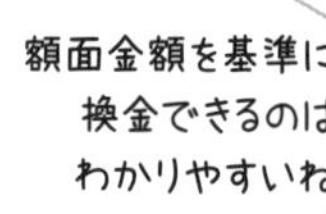
額面金額を基準に
換金できるのは
わかりやすいね

	10年もの	５年もの	３年もの
発行	毎月		
購入単位	額面１万円単位		
利払い	半年に１回		
金利	変動金利 半年ごと見直し 基準金利×0.66	固定金利 基準金利－0.05％	固定金利 基準金利－0.03％
最低保証利率	0.05％		
中途換金	発行から１年経過後		
中途換金調整額	直前２回分の税引前利子×0.79685		

EXERCISE

このポイントを覚えよう！

債券の投資リスク

価格変動リスク	市場金利上昇（下落）→債券価格下落（上昇） 債券価格上昇（下落）→利回り下落（上昇）
信用リスク	格付けが高いほど、債券価格は高く、利回りは低い 格付けが低いほど、債券価格は低く、利回りが高い

過去問 | 3択 | (22年5月)

固定利付債券は、一般に、市場金利が上昇すると債券価格が（ ① ）し、債券の利回りは（ ② ）する。

1） ① 上昇　② 上昇
2） ① 上昇　② 低下
3） ① 下落　② 上昇

債券の価格と金利は反対に動くので、市場金利が上昇すると債券価格は下落します。債券価格が下落すると、安く買えるので、利回りは上昇します。

答 3

過去問 | 3択 | (21年1月)

個人向け国債は、適用利率の下限が年（ ① ）とされ、購入単価は最低（ ② ）から（ ② ）単位である。

1） ① 0.03%　② 1万円
2） ① 0.05%　② 1万円
3） ① 0.05%　② 5万円

最低利率は0.05%、購入単価は1万円単位です。

答 2

LESSON 33

株式売買のルールを知ろう!

株式を保有すると、会社の利益をもとに配当を受け取ったり売却することで売却益を狙うことができます。ただし、買ったときよりも値下がりして損をする可能性もあります。

株式の買い方は?

“株”を買いたいんだけど、どこで買えるかな?

証券会社で購入できるよ。日本株の場合、通常「会社名」「何株(100株単位)」「いくらで」「買・売」を指定して買うんだよ。

野菜の“蕪(かぶ)”じゃないよ…

「いくらで」の指定は、2種類ある!

 指値(さしね)	 成行(なりゆき)
いくらで買う(売る)	いくらでも買う(売る)
買い:高い注文優先 売り:安い注文優先	最優先!

成行注文は指値注文よりも優先だね

株式の配当金をもらうには?

株式の配当金をもらうには権利確定日等の株主であることが条件です。**権利確定日から起算して3営業日前**(単純には2営業日前)までに買う必要があります。

“営業日”は、土日祝日などの証券市場休場日は含まないよ。

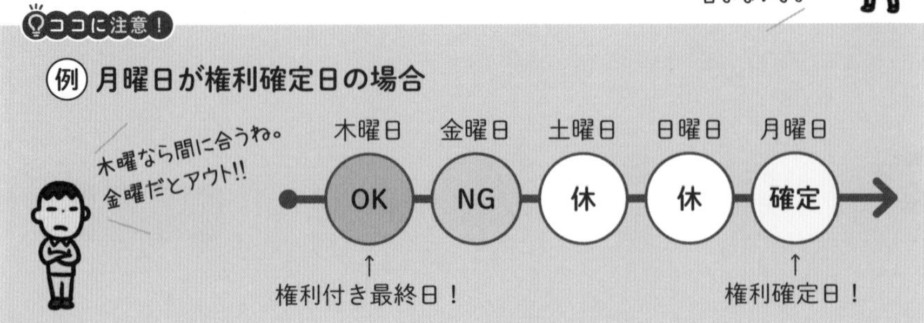

EXERCISE

このポイントを覚えよう！

株式の売買の優先

成行注文	いくらでも（買う・売る）	最優先
指値注文	いくらで　（買う・売る）	買い …… 高い注文優先 売り …… 安い注文優先

株式の受渡し・株主の権利確定日

決済（受渡し）	約定日から起算して３営業日後
株主権利確定	権利確定日から起算して３営業日前

過去問 ｜〇×選択｜（22年5月）

国内の証券取引所に上場している内国株式を普通取引により売買する場合、約定日の翌営業日に決済が行われる。

決済（受渡し）は、約定日から起算して３営業日後になります。

答 ×

過去問 ｜〇×選択｜（21年5月）

証券取引所における株式の売買において、成行注文は指値注文に優先して売買が成立する。

成行注文は指値注文に優先します。

答 〇

LESSON 33 株式売買のルールを知ろう！

LESSON 34

株価指数とは?

株式市場全体が元気があるのか、ないのかを把握できるのが**株価指数**です。**新NISA**でも投資できる投資信託のインデックスファンドのベンチマーク（目標値）としても使われます。

株価指数って？

何それ?
株の用語って難しいね…
日経平均株価?
TOPIX??

それ、両方とも、日本の
東京証券取引所に上場する
株価の状況を
示す指数だよ。
TOPIXは
東証株価指数
のことね。

日本株の株価指数

●日経平均株価
東京証券取引所**プライム**市場に上場する代表的な**225銘柄**を対象とします。

値段が高い銘柄(値嵩株)の
影響を受けやすいよ。
例えば、某アパレル
メーカーとかね。

●東証株価指数（TOPIX）
東京証券取引所旧第一部に上場する全銘柄、新たにプライム市場に上場・変更した銘柄を対象とします（経過措置あり）。

時価総額が大きい銘柄の
影響を受けやすいよ。
例えば、某自動車
メーカーとかね。

アメリカ株の株価指数

●ダウジョーンズ工業株価平均（NYダウ）
ニューヨーク証券取引所、NASDAQ市場に上場するアメリカにとって重要な**30社**の株価を対象とします。

●NASDAQ総合指数
NASDAQ市場に上場する**全銘柄**を対象とします。

EXERCISE

このポイントを覚えよう！

株価指数

株価指数	市場	銘柄数
日経平均株価	東京証券取引所プライム市場	内国普通株式225
東証株価指数 TOPIX	東京証券取引所プライム市場 旧東証一部上場	全部（経過措置あり）
JPX日経 インデックス400	東証プライム市場、 スタンダード市場、グロース市場	内国普通株式 400
ニューヨークダウ	ニューヨーク、ナスダック	30
ナスダック総合指数	ナスダック	全部
S & P 500	ニューヨーク、ナスダック等	500

過去問 | ○×選択 | （23年9月）

日経平均株価は、東京証券取引所スタンダード市場に上場している代表的な225銘柄を対象として算出される。

プライム市場に上場する
代表的な225銘柄が対象です。

答 ×

過去問 | 3択 | （21年5月）

東京証券取引所プライム市場に上場する代表的な225銘柄を対象として算出される株価指標は、（　　）である。

1）　ナスダック総合指数
2）　日経平均株価
3）　東証株価指数

プライム市場に上場する225銘柄を対象とするのは日経平均株価です。

答 2

株式の投資指標って？

株式の投資指標は、株価が割高（割安）なのか、収益性が高い（低い）のか、配当金等の水準は高い（低い）のかなどを分析して、株式の購入（売却）の判断に活用します。

ROE
自己資本利益率

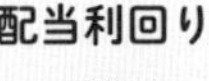

配当性向

投資指標の計算式

PER（倍）（株価収益率） ＝ PのEに対するR（割合） ＝ 株価÷1株純利益 ＝ P／E

※ここでの利益はE = Earnings

PBR（倍）（株価純資産倍率） ＝ PのBに対するR（割合） ＝ 株価÷1株純資産 ＝ P／B

株式の割高、割安の判断で使用されるPERやPBRは、価格（P）の利益（E）や純資産（B）に対する割合（R）を表し、数値が小さい方が割安と判断されます。（E）や（B）がお値段（P）以上だってことだね。

ROE（％）（自己資本利益率） ＝ 純利益（R）÷自己資本（E）×100

※ここでの利益はR = Return

PER、ROE、配当性向で使う利益は当期純利益だよ。

少ない元手で多くの利益を得た方が商売上手！
ROEは数値が高い方が収益性が高いことを示しているよ。

配当利回り（％） ＝ 1株年間配当金÷株価×100

配当性向（％） ＝ 配当金÷純利益×100

分け前はたくさん欲しいよね～

配当利回りと配当性向は、配当金から分析する指標だよ。

EXERCISE

このポイントを覚えよう!

投資指標

PER(株価収益率)	株価÷1株当たり純利益	数値が小さい方が割安
PBR(株価純資産倍率)	株価÷1株当たり純資産	数値が小さい方が割安
ROE(自己資本利益率)	純利益÷自己資本×100	数値が高いほど、収益性が高い
配当利回り	1株年間配当金÷株価×100	–
配当性向	配当金÷純利益×100	数値が高いほど、配当による株主への還元が多い

ちなみに、用語の頭文字(P、R、配)が計算式の分子になります!

過去問 | 3択 | (21年5月)

株式の投資指標として利用されるROEは、(①)を(②)で除して算出される。

1) ① 当期純利益　② 自己資本
2) ① 当期純利益　② 総資産
3) ① 営業利益　② 総資産

頭文字(R)が分子だから、R(利益)のE(自己資本)に対する割合です。

答 1

過去問 | 3択 | (22年5月)

株式の投資指標のうち、PBRは(①)を(②)で除して算出される。

1) ① 株価　② 1株当たり純利益
2) ① 株価　② 1株当たり純資産
3) ① 1株当たり純利益　② 1株当たり純資産

答 2

頭文字が分子だから、P(株価)のB(純資産)に対する割合です。

過去問 | 3択 | (22年5月)

株式の投資指標である(　　)は、株価を1株当たり当期純利益で除して算出される。

1) PBR
2) PER
3) ROE

頭文字が分子だから、株価(P)÷利益(E)に対する割合です。

答 2

投資信託の手数料は？

投資信託は、少ない資金でも分散投資効果を得ながら、専門家（運用会社）に運用を任せることができる金融商品です。ただし、元本保証はありません。

投資信託の手数料

投資信託には、買うとき、保有しているとき、売るときの手数料があります。

購入時手数料

運用管理費用（信託報酬）

信託財産留保額

投資信託を買う

投資信託　運用中

投資信託を売る

手数料が必要なのはとりあえずわかったけど。

投資信託、やってみようかな！リスク低めで運用したい…

公社債投資信託は、株式では一切運用できないのでリスクは低いよ。でも、新NISAの対象ではないんだ。

新NISAで買えるのは、株式で運用できる株式投資信託ね

投資信託のタイプ

公社債投資信託	株式で運用できない（MRF、外貨MMFなど）
株式投資信託	株式で運用できる

基準価額・投資家が負担するコスト

購入時手数料	購入時に投資家が負担するコスト かからないものをノーロードという 上限の範囲内で、各販売会社が設定する
運営管理費用（信託報酬）	保有時に投資家が負担するコストで、信託財産から日々差し引かれる
信託財産留保額	解約時等に投資家が負担するコスト 信託財産に留保され、金融機関の利益になるわけではない

EXERCISE

過去問 | 3択 | （23年1月）

下記<資料>の投資信託を50万口購入する場合の購入金額として、正しいものはどれか。なお、解答に当たっては、円未満を切り捨てること。

<資料>

約定日の基準価額（1万口当たり）	19,855円
購入時手数料（税込み）	2.20%
運用管理費用（信託報酬・税込み）	年0.66%

1. 999,302円
2. 1,014,590円
3. 1,021,142円

 2

購入時は代金（基準価額×購入口数）に購入時手数料を加えた金額を支払います。運用管理費用（信託報酬）はかかりません。
19,855円×50×（1＋0.022）≒1,014,590円

過去問 | 3択 | （22年9月）

下記は、投資信託の費用についてまとめた表である。下表 の空欄（ア）～（ウ）に入る語句として、最も適切なものはどれか。

投資信託の費用	主な内容
購入時手数料（販売手数料）	購入時に支払う費用。投資信託の種類などにより費用は異なるが、同一の投資信託であれば購入時手数料は（ア）。
運用管理費用（信託報酬）	運用のための費用や情報開示のための費用として徴収される。信託財産の残高から、（イ）、差し引かれる。
信託財産留保額	投資家間の公平性を保つために、一般的に、換金の際に徴収される。差し引かれた金額は、（ウ）。投資信託によっては差し引かれないものもある。

1. 空欄（ア）：「同額である」
2. 空欄（イ）：「毎日」
3. 空欄（ウ）：「委託会社（運用会社）が受け取る」

 2

1. 上限の範囲内で異なります。
2. 日々差し引かれます。
3. 信託財産に留保され、金融機関の利益になりません。

LESSON 37

投資信託のタイプを見分けるコツ

投資信託には様々なタイプがありますが、キーワードが分かると、どのような商品であるかをパッと理解できます。

投資信託を購入するためのキーワードを知ろう

新NISAとか、iDeCo(個人型確定拠出年金)とか、気になってるんだ〜。運用するのは初めてだよ!

それなら、手数料が安いパッシブ運用の商品はどうかな?

パッシブ運用とアクティブ運用

パッシブ運用はインデックス運用ともいいます。
アクティブ運用に比べて、**運用管理費用が安く**設定されています。

パッシブ運用	アクティブ運用
ベンチマーク(目標値)に連動	ベンチマークを上回ることを目標
手数料安い	手数料高い

アクティブ運用の方が手間がかかるから手数料も高いんだね。

アクティブ運用　どんなタイプがあるの?

割安な銘柄で運用する**バリュー**運用と、**成長**が期待できる銘柄で運用する**グロース**運用があります。

投資信託の運用対象銘柄を選ぶ過程は…

キーワードいっぱい!

➡ **トップダウンアプローチ**
国別・業種別の枠を決めて個々の銘柄を選定します。

➡ **ボトムアップアプローチ**
トップダウンの反対。銘柄を選定した結果として比率が決まります。

EXERCISE

このポイントを覚えよう!

投資信託の分類

インデックス運用 パッシブ運用	運用成果がベンチマークに連動することを目標
アクティブ運用	運用成果がベンチマークを上回ることを目標
バリュー運用	割安株で運用。PER、PBRが低い銘柄、配当利回りが高い銘柄中心
グロース運用	成長株で運用。PER、PBRが高い銘柄、配当利回りが低い銘柄中心
トップダウン アプローチ	業種別組入比率、国別組入比率を先に決め、個々の銘柄はその中で選ぶ
ボトムアップ アプローチ	運用方針に沿って銘柄を選び、結果として国別組入比率、業種別組入比率が決まる

投資信託の運用において、企業の成長性が市場平均よりも高いと見込まれる銘柄に投資する手法を、(　　)という。

1)　パッシブ運用
2)　バリュー運用
3)　グロース運用

成長性が高い銘柄で運用する手法をグロース運用といいます。

過去問 | ○×選択 | (23年5月)

投資信託のパッシブ運用は、日経平均株価や東証株価指数(TOPIX)などのベンチマークに連動した運用成果を目指す運用手法である。

ちなみに、アクティブ運用は、ベンチマークを上回ることを目標とします。

外貨建金融商品とは？

外貨で運用するには、日本円を外貨に換えなければならず、その際、両替手数料がかかります。また、日本円と外国通貨の力関係により、円の価値が高くなったり（円高）、安くなったり（円安）します。

アメリカに来たよ！
両替しなきゃ〜

14,000円で100ドルにしよう！
足りないヨ！

100ドルになりませんネ…

外国通貨に換える際は、手数料の分だけ**高いレート（TTS）**になり、外国通貨を円に戻す際は、手数料の分だけ**低いレート（TTB）**になります。

例 為替レート
1ドル＝140円の場合

TTS	TTM	TTB
141円	140円	139円

SはSell、BはBuyの略。
金融機関目線の表現だよ！

「円高」「円安」の意味は？

日本**円の価値が高く**なることを**円高（外貨安）**、日本**円の価値が安く**なることを**円安（外貨高）**といいます。**金利が高くなる通貨の価値は上昇**し、**安くなる通貨の価値は安く**なります。

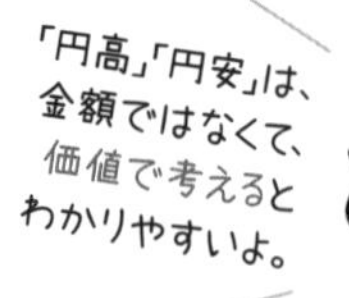

「円高」「円安」は、
金額ではなくて、
価値で考えると
わかりやすいよ。

つまり、日本の金利がゼロのままで、海外金利が
上昇すると、円安が進みやすい、ってことだよ。

EXERCISE

このポイントを覚えよう！

為替レート

TTS（ell）	銀行が外貨を売る（Sell）レート	顧客が円を外貨に換えるレート
TTB（uy）	銀行が外貨を買う（Buy）レート	顧客が外貨を円に換えるレート

為替差益

預入時よりも円高（＝外貨安）	為替差損が発生
預入時よりも円安（＝外貨高）	為替差益が発生

過去問 ｜○×選択｜（23年1月）

米国の市場金利が上昇し、日本と米国の金利差が拡大することは、一般に、米ドルと円の為替相場において米ドル安、円高の要因となる。

米国の金利の魅力が高まるので、
米ドル高円安の要因となります。

過去問 ｜3択｜（23年9月）

外貨預金の預入時において、預入金融機関が提示する（　　）は、預金者が円貨を外貨に換える際に適用される為替レートである。

1） TTB
2） TTM
3） TTS

預金者が円貨を外貨に換える
＝銀行が外貨を売る（Sell）レートです。

試験は、預金者からみた
表現で出題されるよ

過去問 ｜3択｜（23年9月）

為替予約を締結していない外貨定期預金において、満期時の為替レートが預入時の為替レートに比べて（①）になれば、当該外貨定期預金の円換算の利回りは（②）なる。

1） ①円高　②高く
2） ①円安　②高く
3） ①円安　②低く

円高＝外貨安（利回り低下）、
円安＝外貨高（利回り上昇）です。

オプション取引とは？

権利の売買のことを**オプション取引**といいます。主に、リスクヘッジを目的で利用され、買う権利を**コール**、売る権利を**プット**といいます。

権利行使できる**残りの期間が長いほど、チャンスが多い**ので、他の条件が同じ場合、オプション**手数料は残りの期間が長いほど、高く**なります。

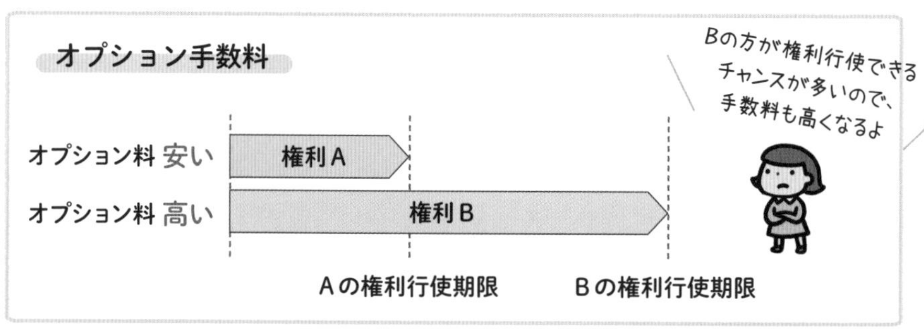

価格変動と権利行使の関係

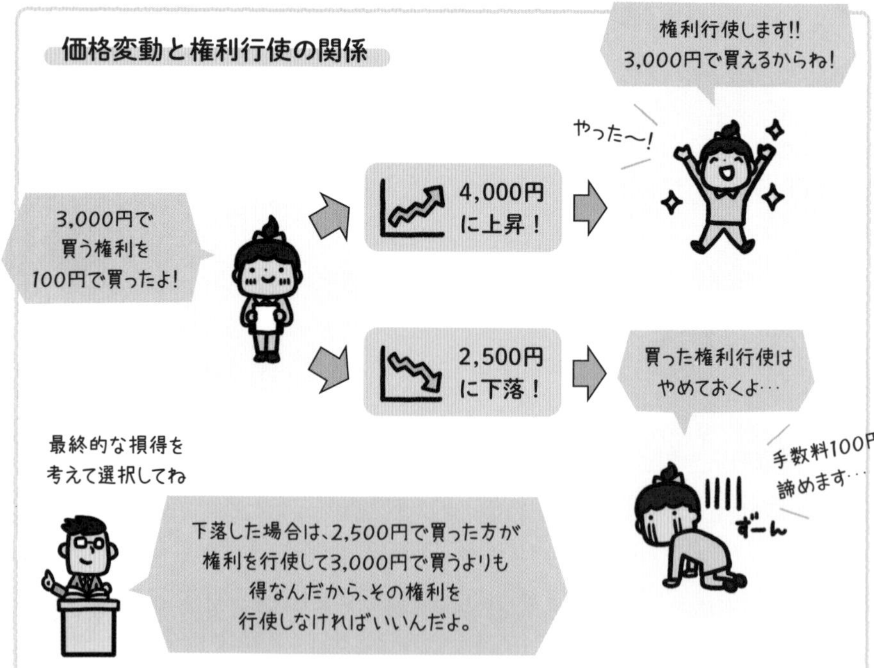

3,000円で買う権利を100円で買ったよ！

4,000円に上昇！

やった〜！

権利行使します!! 3,000円で買えるからね！

2,500円に下落！

買った権利行使はやめておくよ…

手数料100円は諦めます…

ずーん

最終的な損得を考えて選択してね

下落した場合は、2,500円で買った方が権利を行使して3,000円で買うよりも得なんだから、その権利を行使しなければいいんだよ。

EXERCISE

このポイントを覚えよう！

オプション取引

		買い手の利益・損失	売り手の利益・損失	オプション料の変動要因
コール	買う権利	損失はオプション料に限定 利益は無限大	利益はオプション料に限定 損失は無限大	残存期間が長いほど高い
プット	売る権利	損失はオプション料に限定 利益は無限定	利益はオプション料に限定 損失は無限定	

過去問 | ○×選択 | （23年5月）

オプション取引において、特定の商品を将来の一定期日に、あらかじめ決められた価格（権利行使価格）で売る権利のことを、コール・オプションという。

売る権利だから、
プット・オプションといいます。

答 ×

過去問 | 3択 | （21年9月）

オプション取引において、特定の商品を将来の一定期日にあらかじめ決められた価格で買う権利のことを（ ① ）・オプションといい、他の条件が同じであれば、一般に、満期までの残存期間が長いほど、プレミアム（オプション料）は（ ② ）なる。

1） ① コール　② 高く
2） ① コール　② 低く
3） ① プット　② 低く

買う権利なので、コール・オプションです。
残存期間が長いほど、チャンスが多いので、
オプション料は高くなります。

答 1

ポートフォリオ理論とは？

ポートフォリオの目指すところは、利益の最大化ではなく、**利益の安定化**です。そのために、効果的に分散投資をすることが大切です。

ポートフォリオの期待収益率

期待収益率は、個々の**投資割合×期待収益率を求めて、合計**します。

100万円を40万円と60万円に分けて投資したよ。
40万円に対する利益が10％、60万円に対する利益が5％。
だから…利益は全部で7万円！収益率は７％だね。

えっと…、40万円×10％+60万円×5％=7万円！

分散投資したんだね！

正解！さすがだね。
この計算を、「加重平均で求める」というよ。

分散投資で利益の安定化を追求

集中投資	分散投資
利益は最大化！ でもリスク大…	利益は安定！ リスクも 小さい！

ポートフォリオの目的は利益安定化よ！

分散投資効果を高めるにはできるだけ値動きが異なるものを組み合わせると効果的です。値動きの関係は相関係数といって、－１から１の間で表すことができます。
－１は分散投資効果が最大、１は分散投資効果がないことを示します。

0

全部同じだと、分散しても全部同じ値動きになるから分散の意味がないってことね。

EXERCISE

このポイントを覚えよう！

期待収益率と相関係数

期待収益率	分散投資した場合、加重平均値 （それぞれの投資割合×期待収益率を求め、合計した数値）
相関係数	複数の証券等間の値動きの関係を１から－１の数値で表したもの －１　ポートフォリオ効果は最大（逆相関） ０　無関係（一定の効果あり） ＋１　リスクは加重平均値（純相関）、ポートフォリオ効果はない

過去問 | 3択 | （23年5月）

A資産の期待収益率が3.0％、B資産の期待収益率が5.0％の場合に、A資産を40％、B資産を60％の割合で組み入れたポートフォリオの期待収益率は、（　　）となる。

1）　1.8％
2）　4.0％
3）　4.2％

答　3

加重平均（投資割合×期待収益率を計算して合計）で求めます。
40％×３％＋60％×5％＝4.2％です。

過去問 | 3択 | （23年1月）

異なる２資産からなるポートフォリオにおいて、２資産間の相関係数が（　　）である場合、分散投資によるリスクの低減効果は得られない。

1）　＋１
2）　０
3）　－１

相関係数が＋１の場合、分散投資効果は得られません。

答　1

金融機関が破綻してしまったら?

銀行や証券会社が破綻した場合には、一定の保護制度があります。

銀行が破綻!保護される対象は?

国内に本店がある銀行が破綻した場合、全額保護される預金、1預金者あたり1,000万円と利息まで保護される預金、保護されない預金があります。

決済用預金	普通・定期預金	外貨預金
全額保護	1,000万円までと利息	保護されない

決済用預金とは、無利息、いつでも引き出し可(要求払)、口座振替できる(決済サービスの提供)の3条件を満たすものだよ。

証券会社が破綻!どうなるの?

証券会社が破綻しても、債券、株式、投資信託等は、証券会社の財産と別に管理(分別管理)されているので、原則、問題ありません。ただし、分別管理義務違反等があった場合は、日本投資者保護基金により**一般顧客1人あたり1,000万円**まで保護されます。

証券会社
1,000万円まで保護

原則、分別管理されているよ。

EXERCISE

このポイントを覚えよう!

預金保険制度の預金保護

全額保護	決済用預金 （当座預金、決済用普通預金、振替貯金）
1預金者当たり 元本1,000万円までと利子を保護	普通預金、定期預金など
付保対象外	外貨預金など

過去問 | ○×選択 | （21年9月）

外貨預金は、預金保険制度による保護の対象とならない。

記載の通りです！

答 ○

過去問 | 3択 | （22年9月）

預金保険制度の対象金融機関に預け入れた（　　）は、預入金額の多寡にかかわらず、その全額が預金保険制度による保護の対象となる。

1）　決済用預金
2）　譲渡性預金
3）　定期預金

全額保護されるのは、
決済用預金です。

答 1

過去問 | 3択 | （22年9月）

日本投資者保護基金は、会員である金融商品取引業者が破綻し、分別管理の義務に違反したことによって、一般顧客から預託を受けていた有価証券・金銭を返還することができない場合、一定の範囲の取引を対象に一般顧客1人につき（　　）を上限に金銭による補償を行う。

1）　1,000万円
2）　1,300万円
3）　2,000万円

一般顧客を対象に
1,000万円まで保
護されます。

答 1

預金・債券には税金がかかる

預金の利子、外貨預金の為替差益には税金がかかります。

預金と国債の利子

国内預金の利子に対する税金

所得税15.315％、住民税５％の税率で**源泉分離課税**されます。

個人向け国債を含めた国債（特定公社債）の利子に対する税金

所得税15.315％、住民税５％の税率で源泉徴収等されます。
申告分離課税の対象となる点が、預金と異なります。

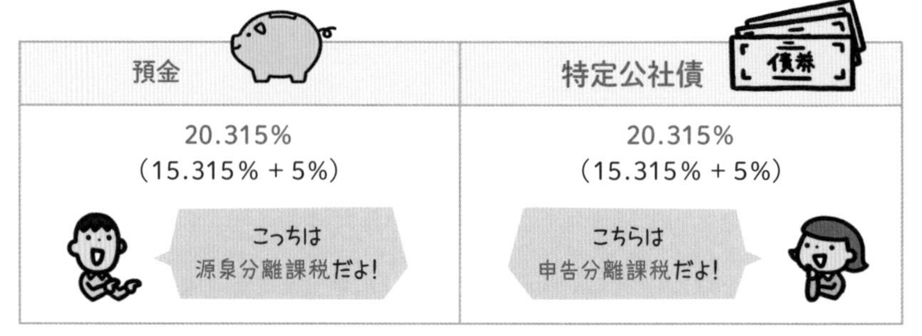

預金	特定公社債
20.315% （15.315% + 5%）	20.315% （15.315% + 5%）
こっちは 源泉分離課税だよ!	こちらは 申告分離課税だよ!

外貨預金の為替差益はどうなるの？

国内の銀行における外貨預金の利子は、円の預金と同じ条件です。
為替差益は、**預入時点での為替予約がなければ、雑所得**として確定申告が必要な場合があります。

利子	**為替差益** （預入時為替予約あり）	為替差益 （原則）
20.315%ね	これらは 源泉分離課税だよ!	こっちは 雑所得・総合課税 だよ!

EXERCISE

このポイントを覚えよう!

預金・債券の利子

国内預金の利子	源泉分離課税	所得税15.315%、住民税5%
特定公社債の利子	申告分離課税	所得税15.315%、住民税5%

外貨預金の為替差益

預入時に為替予約	20.315%源泉分離課税
為替予約なし、預入中に為替予約	雑所得・総合課税

過去問 | ○×選択 | (22年9月)

個人が国内において支払を受ける預貯金の利子は、原則として、20.315%の税率により所得税および復興特別所得税と住民税が源泉徴収等され、課税関係が終了する。

国内預金の利子は源泉分離課税です。

所得税において、国債や地方債などの特定公社債の利子は、総合課税の対象となる。

特定公社債の利子は申告分離課税の対象です。

所得税において、為替予約を締結していない外貨定期預金の満期による為替差益は、(　　)として総合課税の対象となる。

1) 利子所得
2) 一時所得
3) 雑所得

預入時に為替予約ない外貨預金の為替差益は雑所得として総合課税の対象になります。

上場株式･株式投資信託の税金は?

原則、特定口座（源泉徴収口座）の上場株式の配当金は配当所得、売却益は譲渡所得として所得税15.315％、住民税5％で源泉徴収等されます。

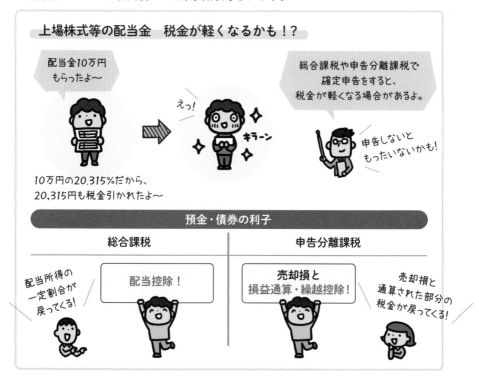

上場株式等の配当金　税金が軽くなるかも！？

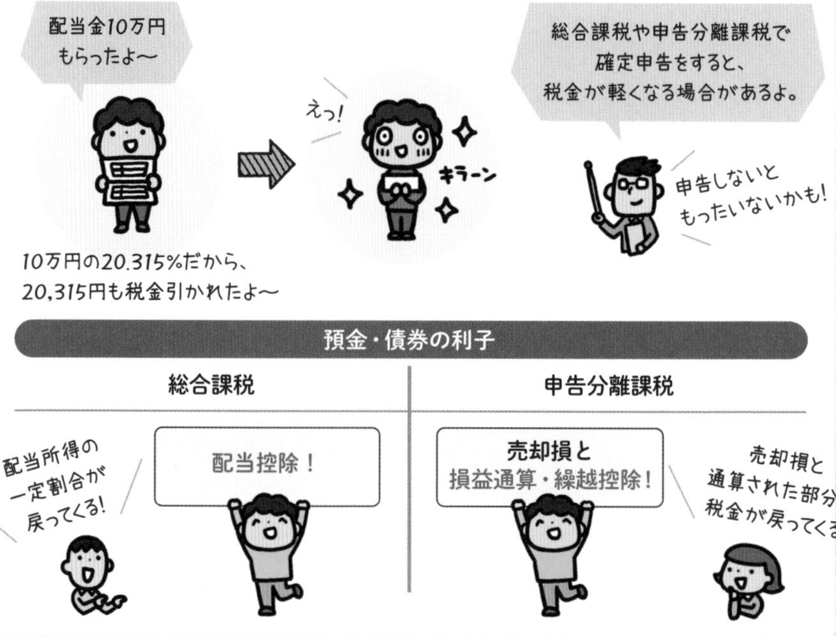

配当金10万円
もらったよ〜

10万円の20.315%だから、
20,315円も税金引かれたよ〜

えっ!

キラーン

総合課税や申告分離課税で
確定申告をすると、
税金が軽くなる場合があるよ。

申告しないと
もったいないかも!

預金・債券の利子

総合課税	申告分離課税
配当控除！	売却損と 損益通算・繰越控除！

配当所得の
一定割合が
戻ってくる!

売却損と
通算された部分の
税金が戻ってくる!

売却益の税金で損をしたら損益通算できる？

申告分離課税で確定申告すると、上場株式等の配当所得、特定公社債の利子所得、他の**上場株式等の譲渡所得と損益通算でき**、損失が残れば翌年以降最長３年間繰越できます。

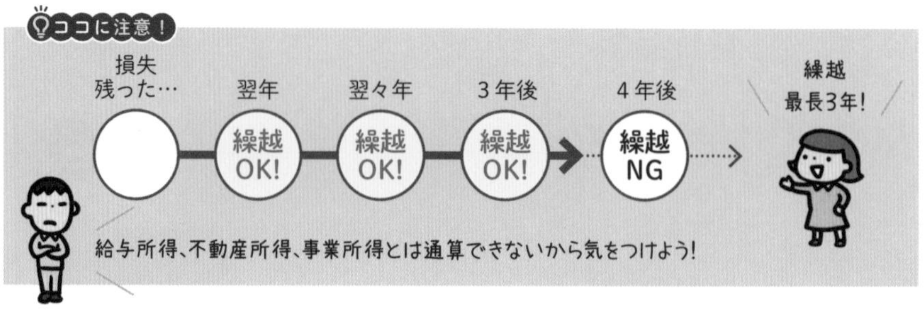

EXERCISE

このポイントを覚えよう！

上場株式等の配当所得（大口株主を除く）

	配当控除	上場株式等の譲渡所得との損益通算・繰越控除
申告不要	× できない	× できない
総合課税	○ できる	× できない
申告分離課税	× できない	○ できる

過去問 ｜ 3択 ｜（21年9月）

所得税において、上場株式の配当について配当控除の適用を受けるためには、その配当所得について（　　）を選択する必要がある。

1） 総合課税
2） 申告分離課税
3） 確定申告不要制度

配当控除を受けるためには、総合課税による確定申告が必要です。

答 1

過去問 ｜ ○×選択 ｜（22年9月）

上場株式を譲渡したことによる譲渡所得の金額の計算上生じた損失の金額は、確定申告をすることにより、不動産所得や事業所得などの他の所得金額と損益通算することができる。

上場株式等の配当所得、特定公社債の利子所得、他の上場株式等の譲渡所得と損益通算できるけど、その他の所得とは損益通算できません。

答 ×

LESSON
44

投資信託の分配金の税金は?

公募株式投資信託の税金は、基本的に上場株式と同じですが、分配金の課税方法が少し違います。

分配金の税金　シミュレーションしてみよう！

投資信託を
10,500円で
買ったよ!
ゼイタロウです

私はその投資信託、
11,200円で
買ったわ…
カネコです

現時点で1万口あたり基準価額12,000円かつ分配金1,000円の場合…

ゼイタロウさんの場合		カネコさんの場合
10,500円	購入金額（個別元本）	11,200円
12,000円	分配前基準価額	12,000円
1,000円	分配金	1,000円

1,500円の儲け！

800円の儲け！

分配金は同じ額が支給されるよ

カネコさんは
儲けよりも
分配金の方が
多いね…。

儲けからの分配金を普通分配金といい、配当所得として課税されるよ。儲けでない部分の分配金は元本払戻金（特別分配金）といい、儲けではないから非課税なんだ。

ゼイタロウさんの場合		カネコさんの場合
1,000円全額普通分配金（配当所得）		普通分配金800円（配当所得） 元本払戻金200円（非課税）
変更なし（10,500円）	分配後個別元本	11,000円（11,200円－200円）
11,000円（12,000円－1,000円）	分配後基準価額	11,000円（12,000円－1,000円）

元本払戻金の金額分、個別元本が小さくなるよ

その名の通りね

EXERCISE

このポイントを覚えよう！

追加型公募株式投資信託の分配金

普通分配金	個別元本を上回る基準価額から支払われる分配金	配当所得
元本払戻金 特別分配金	分配落ち後の基準価額＜個別元本となる場合、下回る部分からの分配金	非課税

過去問 | ○×選択 | （23年9月）

追加型の国内公募株式投資信託において、収益分配金支払後の基準価額が受益者の個別元本を下回る場合、当該受益者に対する収益分配金は、その全額が普通分配金となる。

カネコさんの事例で考えましょう。
収益分配後の基準価額11,000円、個別元本11,200円の場合、個別元本を下回る部分200円は元本払戻金、個別元本を上回る部分800円は普通分配金となります。

答　×

過去問 | 3択 | （23年5月）

追加型株式投資信託を基準価額１万3,000円（１万口当たり）で１万口購入した後、最初の決算時に１万口当たり400円の収益分配金が支払われ、分配落ち後の基準価額が１万2,700円（１万口当たり）となった場合、その収益分配金のうち、普通分配金（①）であり、元本払戻金（特別分配金）は（②）である。

1）①０円　②400円
2）①100円　②300円
3）①300円　②100円

問題を整理します。
個別元本 13,000円
分配前基準価額　13,100円（12,700円＋400円）
分配金400円
分配後基準価額　12,700円
分配前の時点で100円儲かっているため、普通分配金は100円、元本払戻金300円となります。

答　2

新NISAとは?

新NISA口座では、株式（ETF、REIT）や公募株式投資信託の配当金（分配金）、売却益に対する税金がかかりません。

新NISAの口座は税金がかからない?!

税金、なるべく払いたくないな、なんて…

ふぁあ

株の税金計算とか、なんか面倒くさそうだし…

そんなことできるの!?

じゃあ新NISA口座を使ったら?配当金も売却益も一生非課税だよ。

活用しないともったいない!

通常の証券口座	新NISA口座
配当金	配当金
売却益	売却益
どちらも課税対象!	どちらも非課税!

徴収しまーす♪

わーい!まるまる利益だ!

新NISAのデメリットは？

新NISAのデメリットは、投資できる金額に上限があることです。また、儲かっても儲けをゼロとする一方、損をしても損をゼロとするため、課税口座では損益通算、繰越控除ができる場合でも、新NISAの損失は損益通算できません。

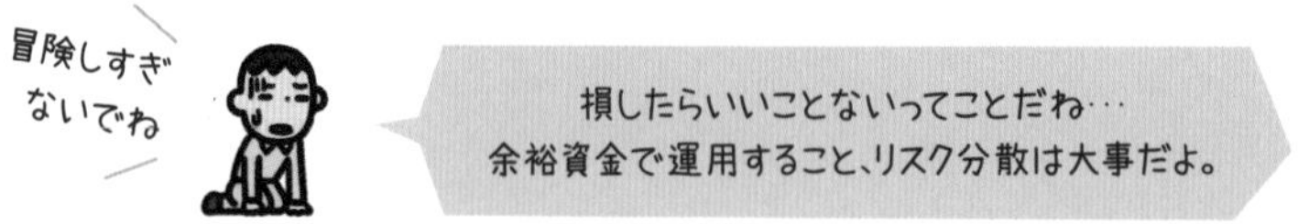

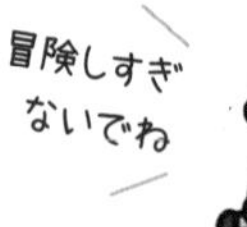

損したらいいことないってことだね…
余裕資金で運用すること、リスク分散は大事だよ。

EXERCISE

このポイントを覚えよう！

2024年以降の新NISA

	成長投資枠	つみたて投資枠
対象者	1月1日現在、18歳以上の居住者等	
非課税期間	制限なし	
口座・投資枠	毎年、同時に両方を利用できる（1人1口座）	
年間投資上限額	240万円	120万円
生涯非課税限度額	1,200万円	−
	1,800万円 非課税投資枠を再利用できる	
投資対象	上場株式、株式投資信託、ETF、J-REIT等	長期・分散・積立に適した公募株式投資信託、ETF
非課税となる利益	配当（分配金）、譲渡益	
譲渡損失の扱い	損益通算できない	
2023年までの（つみたて）NISA	上記と別枠で利用できる	

過去問 | ○×選択 | （22年9月）

新NISAのつみたて投資枠において、上場株式は投資対象商品とされていない。

投資対象は、一定の公募株式投資信託とETFに限られます。

答　○

過去問 | 3択 | （23年1月 改）

本年中に新NISAのつみたて投資枠を利用して公募株式投資信託等を購入することができる限度額（非課税投資枠）は、年間（　　）である。

1）　40万円
2）　240万円
3）　120万円

非課税投資枠は、
つみたて投資枠は年間120万円、
成長投資枠は年間240万円です。

答　3

タックスプランニング

この科目は所得税の仕組みや計算の全体の流れについて学習します。所得税は、FPの他の科目とも密接に関わるとても重要なテーマですから、他の科目とのつながりを意識して学習しましょう。

Q. 所得税って何？

A

所得税とは、個人の所得にかかる税金のこと。所得は10種類あり、それぞれ計算方法が異なります。1年間で自分が得たもうけから、所得控除といって「家族構成や事情に応じた金額」を引き、それぞれに税率を掛けて計算します。
この科目では納めるべき所得税を計算する流れと手続きを学習します。

この章の大きなテーマである
所得税の計算は5段階になっています

1

収入－必要経費＝所得

所得はもうけのことだよ

必要経費を引けるんだね

2

損益通算

赤字と黒字を通算して、本来、
黒字にかかるはずの税金を軽くしてくれるんだ

節税効果のある赤字（損失）はまともな赤字に限られるよ

3

所得－所得控除＝課税所得

控除って「ひける」って意味だよ

「大家族」「将来に備えている」「困っている人・
助ける人」がいっぱい引けるんだ

4

課税所得×税率＝税額

原則、所得が高くなるにつれて、
高い税率が適用されるよ

5

税額－税額控除など＝納税額

課税される配当金をもらったり、住宅ローン
を利用していると税額が軽くなるよ

LESSON 46 一生関わる！ 所得税の概要

所得税は**1月1日から12月31日**までの1年間に得た所得（儲け）をもとに計算した金額に対して課税する国税です。

所得税は基本的に、儲けがあれば課税されますが、**障害年金、遺族年金**、新NISAにおける配当（分配金）金、売却益等、課税されないものもあります。

所得税　非課税の対象もある！

老齢年金	障害年金 遺族年金	通勤手当	健康保険 雇用保険の給付
課税	非課税	月15万円 まで非課税	非課税

所得税の計算方法

所得税は、課税される儲けが2倍、3倍になると、2倍、3倍よりも多くの税金が課税されます。このような仕組みを**超過累進課税（累進税率）**といいます。

所得の種類は大きくは**10種類**に分けて、それぞれ儲け（所得）を計算します。

原則、**総合課税**といってまとめて税額を計算しますが、**退職所得や株や不動産の譲渡所得**等は**分離課税**といって総合課税と分けて計算します 。

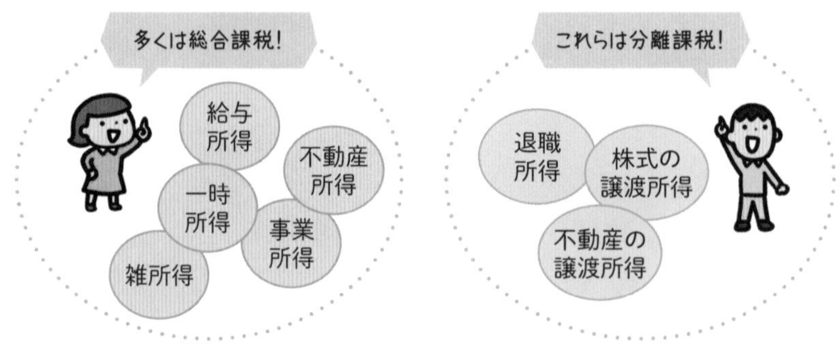

EXERCISE

このポイントを覚えよう！

総合課税と分離課税

総合課税	申告必要	原則
申告分離課税	申告必要	退職所得、土地等・建物の譲渡所得、株式等の譲渡所得など
源泉分離課税	申告不要	国内預金の利子所得など

非課税所得と課税所得

非課税所得	課税所得
遺族年金、障害年金、健康保険、雇用保険の給付	老齢年金（雑所得）
元本払戻金	普通分配金（配当所得）
通勤手当（月額15万円を限度）	家族手当、住宅手当等（給与所得）
宝くじ当選金	競馬の払戻金、クイズの賞金（一時所得）
生活用動産	生活用不動産（譲渡所得）

電車・バス等の交通機関を利用して通勤している給与所得者が、勤務先から受ける通勤手当は、所得税法上、月額10万円を限度に非課税とされる。

月額15万円まで非課税です。

所得税において源泉分離課税の対象となる所得については、他の所得金額と合計せず、分離して税額を計算し、確定申告によりその税額を納める。

源泉分離課税では申告は不要で、別々に税額を計算します。

LESSON 47

所得10種類と計算式

一口に所得といっても10種類あり、それぞれ計算方法が違います。

所得	内容	
給与所得	給与、賞与等	
退職所得	退職一時金等	
事業所得	個人事業	自営業
不動産所得	不動産等の貸付（規模を問わない）	自営業
山林所得	山林の伐採等	自営業
利子所得	預金、債券の利子等	
配当所得	株式の配当、株式投資信託等の分配金等	
譲渡所得	株式、土地・建物等、その他の売却	
一時所得	満期保険金、解約返戻金等	
雑所得	公的（企業）年金等の老齢給付 業務（副業） その他（個人年金、外貨預金の為替差益等）	

給与所得　給与、賞与等

給与収入金額－給与所得控除額

退職所得　退職一時金等

（収入金額－退職所得控除額）×1/2（原則）

事業所得　個人事業　自営業

収入金額－必要経費（－青色申告特別控除）

不動産所得　不動産等の貸付（規模を問わない）　自営業

収入金額－必要経費（－青色申告特別控除）

山林所得　山林の伐採等　自営業

収入－必要経費－特別控除（最高50万円）（－青色申告特別控除）

利子所得　預金、債券の利子等

収入金額

配当所得　株式の配当、株式投資信託等の分配金等

収入金額－収入を得るために要した負債利子

譲渡所得　株式、土地・建物等、その他の売却

収入－（取得費＋譲渡費用）

一時所得　満期保険金、解約返戻金等

収入金額－その収入を得るために支出した金額－特別控除（最高50万円）

雑所得　公的（企業）年金等の老齢給付／業務（副業）／その他（個人年金、外貨預金の為替差益等）

公的年金等の収入金額－公的年金等控除額（公的年金等）

収入金額－必要経費（公的年金等以外）

10種類の所得　覚えるには…

所得の種類、
多すぎだよ…
覚えるの、大変!!

分類すれば
覚えやすいかも。
3つに分けてみよう。
確かにね…

所得を３つに分類しよう！

大きく「働く儲け」「金融独自の儲け」「その他」に分けてみましょう。

働く儲け   会社員等の給与所得、退職所得
自営業の事業所得、不動産所得、山林所得

金融独自の儲け   利子所得、配当所得

その他   譲渡所得、一時所得、雑所得

不動産の貸付けは事業規模を問わず
不動産所得、不動産の売却は譲渡所得だよ。

自営業の所得を分ける理由

自営業の所得は以下を考慮し、事業所得、不動産所得、山林所得に分けられます。

不動産所得

不動産の貸付けによる所得のため、事業所得よりも労働の性格が低いとされ、少し厳しい扱いとなります。

山林所得

木が育つには時間がかかるから、負担が軽くなるように配慮されています。

所得税の計算の流れを把握しよう!

所得税の計算の流れ 全体像(一部除く)

所得金額の算出

10種類の所得それぞれの収入金額から必要経費等を引いたり、損益通算を行って総所得金額等を算出する。(ただし、損益通算できるのは**不**動産所得、**事**業所得、**山**林所得、**譲**渡所得の損失のみ)

計算の流れ

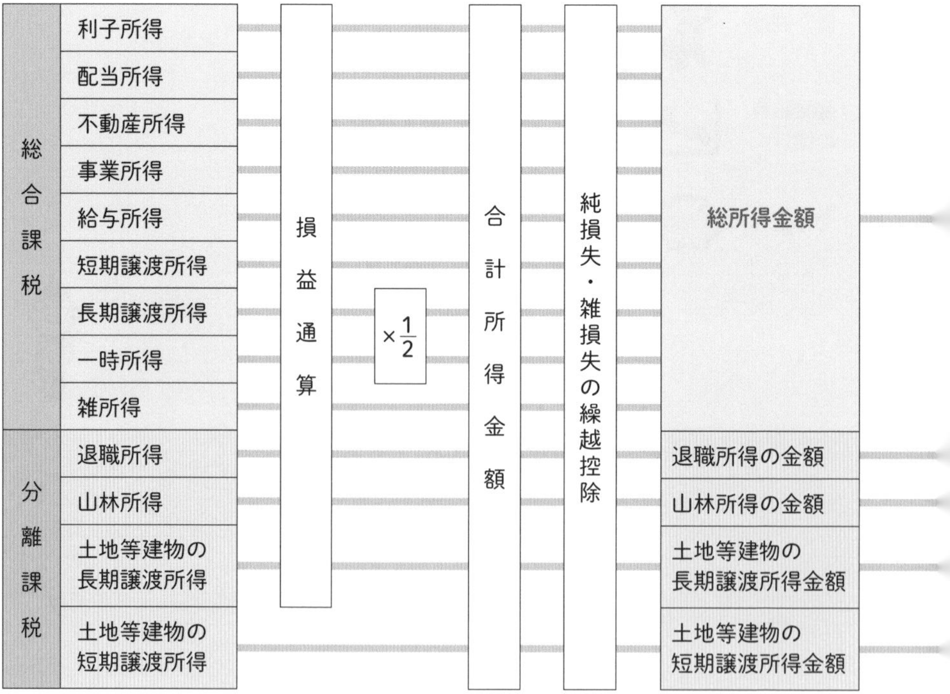

総合課税	利子所得	損益通算		合計所得金額	純損失・雑損失の繰越控除	総所得金額
総合課税	配当所得	損益通算		合計所得金額	純損失・雑損失の繰越控除	総所得金額
総合課税	不動産所得	損益通算		合計所得金額	純損失・雑損失の繰越控除	総所得金額
総合課税	事業所得	損益通算		合計所得金額	純損失・雑損失の繰越控除	総所得金額
総合課税	給与所得	損益通算		合計所得金額	純損失・雑損失の繰越控除	総所得金額
総合課税	短期譲渡所得	損益通算		合計所得金額	純損失・雑損失の繰越控除	総所得金額
総合課税	長期譲渡所得	損益通算	$\times\frac{1}{2}$	合計所得金額	純損失・雑損失の繰越控除	総所得金額
総合課税	一時所得	損益通算	$\times\frac{1}{2}$	合計所得金額	純損失・雑損失の繰越控除	総所得金額
総合課税	雑所得	損益通算		合計所得金額	純損失・雑損失の繰越控除	総所得金額
分離課税	退職所得	損益通算		合計所得金額	純損失・雑損失の繰越控除	退職所得の金額
分離課税	山林所得	損益通算		合計所得金額	純損失・雑損失の繰越控除	山林所得の金額
分離課税	土地等建物の長期譲渡所得	損益通算		合計所得金額	純損失・雑損失の繰越控除	土地等建物の長期譲渡所得金額
分離課税	土地等建物の短期譲渡所得			合計所得金額	純損失・雑損失の繰越控除	土地等建物の短期譲渡所得金額

※申告分離課税の配当所得、利子所得、上場(一般)株式等の譲渡所得、先物取引等の雑所得は省略

各項目は、次ページ以降で
細かくみていくからね!

ここでは、流れが
イメージできればOK!

STEP
2

納税額の算出

所得金額から所得控除を引いて課税所得金額を計算。税率を掛けて得た所得税額から税額控除を引いて納税額を算出する。

所得控除額	課税総所得金額	× 税率＝所得税額	(税額－税額控除) ×1.021 －源泉徴収税額 ＝納付税額
	課税退職所得金額	× 税率＝所得税額	
	課税山林所得金額	× 1/5×税率×5 ＝所得税額	
	土地等建物課税 長期譲渡所得金額	× 分離課税率＝所得税額	
	土地等建物課税 短期譲渡所得金額	× 分離課税率＝所得税額	

左の金額に
税率を掛けます!

1.021 というのは
所得税と
復興特別所得税ね

会社員・公務員等の所得

会社や団体、役所に勤める人が受ける給与や賞与は給与所得、**退職一時金は退職所得**として扱われます。両方とも収入から「みなし経費」を差し引くことができます。

給与所得を計算してみよう！

所得は原則、収入から収入を得るためにかかる必要経費を引いて求めますが、給与所得は「**給与収入－給与所得控除額**」で算出します。
給与所得控除額は「**みなし経費**」とも呼ばれ、収入に応じて引くことができる金額が決まります。

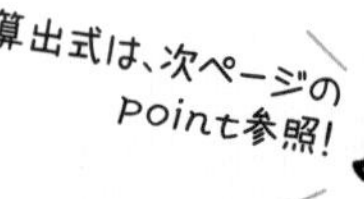

【例】給与収入300万円の場合

・給与所得控除額の算出式→給与収入×30％＋8万円
　→300万円×30％＋8万円＝98万円

給与所得は、300万円－98万円＝202万円 となります！

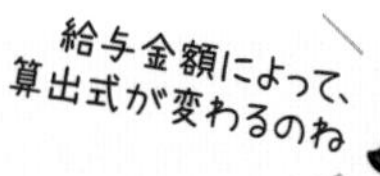

給与金額によって、
算出式が変わるのね

【例】給与収入500万円の場合

・給与所得控除額の算出式→給与収入×20％＋44万円
　→500万円×20％＋44万円＝144万円

給与所得は、500万円－144万円＝356万円 となります！

退職所得の税金は？

退職所得は、税金が安くなる仕組みがたくさんあります。**分離課税**となり、所得金額は収入から勤続年数で計算する**退職所得控除額を引いた後、2分の1にして算出**します。

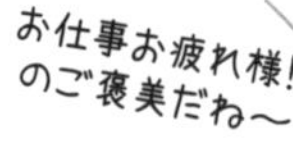

お仕事お疲れ様！
のご褒美だね～

2分の1課税だし、分離課税だから安くなるんだ

退職所得（原則）＝（収入金額－退職所得控除額）×1/2

1年未満の
勤続期間は
1年切り上げるよ

- 勤続年数20年以下の場合＝40万円×勤続年数（最低80万円）
- 勤続年数20年超の場合＝800万円＋70万円×（勤続年数－20年）

EXERCISE

このポイントを覚えよう！

給与所得の求め方

給与所得＝収入金額－給与所得控除額

＜給与所得控除額＞

給与等の収入金額（A）		給与所得控除額
	180万円以下	A×40%－　10万円（最低55万円）
180万円超	360万円以下	A×30%＋　8万円
360万円超	660万円以下	A×20%＋　44万円
660万円超	850万円以下	A×10%＋110万円
850万円超		195万円

給与収入850万円超で23歳未満の扶養親族がいる場合等は、総所得金額に算入する際、給与所得から次の金額を引くことができます。
（給与収入（1,000万円）－850万円）×10%

赤文字は覚えよう！

退職所得の求め方

退職所得（原則）＝（収入金額－退職所得控除額）×1/2

＜退職所得控除額＞

勤続年数	退職所得控除額
20年以下	40万円×勤続年数（最低80万円）
20年超	800万円＋70万円×（勤続年数－20年）

※1年未満の端数は1年に切り上げ

過去問 ｜ 3択 ｜（23年5月）

給与所得者が35年間勤務した会社を定年退職し、退職金3,000万円の支給を受けた場合、退職所得の金額の計算上、退職所得控除額は（　　）となる。

1）｛800万円＋70万円×（35年－20年）｝×1/2＝925万円
2）800万円＋40万円×（35年－20年）＝1,400万円
3）800万円＋70万円×（35年－20年）＝1,850万円

退職所得控除額
＝800万円＋70万円×（35年－20年）
＝1,850万円

3

LESSON 49

自営業の所得 ～ふ・じ・さん～

（不・事・山）

不動産、事業、山林の
3所得の語呂合わせ!

自営業の所得は原則、**事業所得**となりますが、不動産の貸付けによる所得は**事業規模を問わず不動産所得**、山林の売却による所得は原則、山林所得となります。

何が"必要経費"なの？

自営業の所得は「収入－必要経費」で求めます。
必要経費になるもの、ならないものには、以下のようなものがあります。

必要経費になる！

- 借入金返済の利息部分
- 事業税、固定資産税などの税金
- 減価償却費
- 売上原価

必要経費にならない…

- 借入金返済の元本部分
- 所得税、住民税

会社員も経費に
できないしね

減価償却資産とは？

価格が高く、長く使えて、時間が経過すると価値が減る資産を減価償却資産といって、**少しずつ必要経費**に計上します。例えば、建物や機械設備は減価償却資産ですが、**土地は減価償却資産ではありません**。

土地は、時間が
経過しても価値は
減らないからね。

必要経費に計上する減価償却費は、毎年一定額を計上する定額法と、帳簿上の残存価値の一定割合を計上する定率法があります。**個人**は税務署への届出がない限り**定額法**となり、新たに取得する**建物**は**定額法しか選択できません**。

定額法（イメージ）

ずっと一定

定率法（イメージ）

徐々に下がる

定額法の
算出式はコレ!

定額法の減価償却費＝取得価額×定額法償却率×業務供用月数÷12

EXERCISE

このポイントを覚えよう!

減価償却費

個人の法定償却方法	定額法
定額法による減価償却費	取得価額×定額法償却率×業務供用月数÷12
新たに取得した建物	定額法のみ
少額減価償却資産	10万円未満または使用可能期間1年以下のものは業務供用した年に全額を必要経費

過去問 | 3択 | (23年9月)

固定資産のうち、(　　)は減価償却の対象とされない資産である。

1) 特許権
2) ソフトウエア
3) 土地

土地は時間が経過しても価値は減らないから、減価償却できません。

答 3

過去問 | 3択 | (23年5月)

所得税において、本年中に取得した建物(鉱業用減価償却資産等を除く)に係る減価償却の方法は、(　　)である。

1) 定額法
2) 定率法
3) 低価法

新たに取得した建物は定額法しか選択できません。

答 1

過去問 | ○×選択 | (23年5月)

所得税において、事業的規模で行われている賃貸マンションの貸付による所得は、事業所得となる。

不動産の貸付けによる所得は、事業規模を問わず不動産所得です。

LESSON 50 一時所得・雑所得とは？

契約者（保険料負担者）が受け取る**生命保険の解約返戻金や満期保険金は一時所得**、**老齢給付や、契約者（保険料負担者）が受け取る個人年金の年金は雑所得**となります。

"一時所得"は、何があるの？

- ☑ 生命保険の解約返戻金、満期保険金
- ☑ ふるさと納税返礼品
- ☑ 法人から贈与を受けた資産

宝くじの当選金は非課税だよ！

やったね！

一時所得＝収入－支出－特別控除（最高50万円）

算出式はコレ！
一時的な儲けだから
税金は軽めにして
くれてるんだね。

一時所得は50万円の特別控除を引くことができ、総所得金額には損益通算後の2分の1が算入されるから、課税対象は小さくなるんだ。

雑所得は、他の９つの所得のいずれにも該当しないもので、**公的年金等の老齢給付、個人年金のほか、外貨預金の為替差益**などがあります。

公的年金等と個人年金の違い

公的年金等は**国や企業の年金等（老齢給付）**で、**保険会社、共済と契約**した年金は**公的年金等以外**となります。

**公的年金等の雑所得　＝　**収入金額－公的年金等控除額

公的年金等控除額は、受給者の年齢と収入に応じて計算するよ。

時代で支払った保険料も違いすぎるし、不公平にならないようにしてるのね～

EXERCISE

このポイントを覚えよう！

一時所得

一時所得	収入－支出－特別控除（最高50万円）
総所得金額に算入される一時所得	損益通算後の一時所得×1／2

雑所得

公的年金等の雑所得	収入金額－公的年金等控除額
公的年金等以外の雑所得（業務、その他）	収入金額－必要経費

過去問 | 3択 | （23年9月）

所得税において、ふるさと納税の謝礼として地方公共団体から受ける返礼品に係る経済的利益は、（　　）として総合課税の対象となる。

1）　一時所得
2）　配当所得
3）　雑所得

ふるさと納税の返礼品は一時所得です。

答　1

過去問 | 3択 | （22年9月）

所得税における一時所得に係る総収入金額が500万円で、その収入を得るために支出した金額が250万円である場合、総所得金額に算入される一時所得の金額は、（　　）である。

1）　100万円
2）　125万円
3）　250万円

（500万円－250万円－50万円）×1/2＝100万円

答　1

過去問 | ○×選択 | （23年1月）

所得税において、老齢基礎年金や老齢厚生年金を受け取ったことによる所得は、非課税所得となる。

老齢給付は雑所得です。

答　×

LESSON 51 譲渡所得とは？

資産を売ったときの儲けを譲渡所得といい、大きくは、**不動産**（土地等、建物）、**株式等**（上場株式等、非上場株式等）、**その他**（**ゴルフ会員権、金、業務用資産**）に分けられます。なお、**生活用の動産**（家財、自動車）を売ったときの儲けは**非課税**です。

譲渡所得の分類の目的は？

不動産、株式の譲渡は
他の所得と分けてガラス張り化するために、
分離課税されると考えよう。

不動産、株式等	ゴルフ会員権、金

分離課税	総合課税

譲渡所得＝売却価額－（取得費＋譲渡費用）

譲渡所得のうち、不動産とその他（ゴルフ会員権、金等）は、**長期**譲渡（所有期間が**5年超**）の場合と**短期**譲渡（**5年以下**）に分けて計算します。

不動産

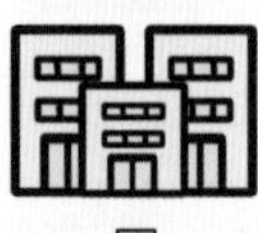

譲渡年の1月1日で判定！

ゴルフ会員権・金

譲渡日で判定！

短期譲渡は投機性が高いので
税負担を重く、長期譲渡は
税負担が軽くなるように、
という理由で分けているんだ。

EXERCISE

このポイントを覚えよう！

譲渡所得の分類

		所有期間判定日
土地等・建物の譲渡所得	申告分離課税	譲渡年の1月1日で 5年超は長期、5年以下は短期
株式等の譲渡所得	申告分離課税	−
総合課税 （金・ゴルフ会員権）	総合課税	譲渡日で 5年超は長期、5年以下は短期

所得税の計算において、個人が土地を譲渡したことによる譲渡所得が長期譲渡所得に区分されるためには、土地を譲渡した年の1月1日における所有期間が（　　）を超えていなければならない。

1）　5年
2）　10年
3）　20年

所有期間が5年超の場合は長期、5年以下の場合は短期です。

1

土地の譲渡所得のうち、その土地を譲渡した日の属する年の1月1日における所有期間が10年以下のものについては、短期譲渡所得に区分される。

不動産の場合、所有期間が5年以下の場合は短期譲渡、5年超の場合は長期譲渡です。

LESSON 52

損益通算とは?

各所得金額を計算すると、プラスになる所得、マイナスになる所得があります。マイナスになった場合のうち、仕事の赤字（**不動産**所得、**事業**所得、**山林**所得）と**譲渡**所得の損失は他の黒字の所得と損益通算して、所得金額を少なくすることができます。
なお、不動産所得と譲渡所得については、注意点があります。

「不事山譲」と覚えよう!

ふじさんじょう〜♪

不動産所得の赤字に関する注意点

不動産所得の赤字に関する注意点、教えて〜！

不動産所得の損失のうち、土地等の取得に係る借入金の利子の部分は損益通算できないんだ！

平成の初めに借入金による土地投資で地価が高騰し、庶民は土地を買いづらくなる一方で、地価高騰を招いた人が借入金の利子で節税できるのはおかしいのでは？ となったことが背景なんだよ。

計算例

- 収入：200万円
- 必要経費：250万円（うち借入金の利子／土地部分20万円、建物部分20万円）

損益通算NG！（土地部分20万円）
損益通算OK！（建物部分20万円）

➡ 赤字50万円のうち、土地等の借入金の利子が損益通算できないので、損益通算できる赤字は**30万円**！

譲渡所得に関する制限

マイホーム（居住用財産）の売却損や総合課税の業務用資産（車両等）の売却損等は損益通算できますが、**金、ゴルフ会員権の売却損は損益通算できません**。

損益通算　OK？NG？

マイホーム	アパート	金	ゴルフ会員権
OK	NG	NG	NG

マイホームは生活に、総合課税の業務用資産は仕事に必要だからOKってことね

贅沢品はNGだよ

ココに注意！

赤字の場合、損益通算できない所得はゼロと扱います！　要注意！

EXERCISE

このポイントを覚えよう!

不動産所得と譲渡所得の損失のうち損益できるもの、できないもの

所得種類	損益通算できない	損益通算できる
不動産	土地等の取得に係る借入金の利子の部分 一定の国外の中古建物の減価償却費にかかる部分	左記以外の損失
譲渡	居住用財産以外の不動産の譲渡損失 美術品、金、ゴルフ会員権などの譲渡損失	一定の居住用財産の譲渡損失 総合課税の事業用資産(機械設備、車両等)の譲渡損失

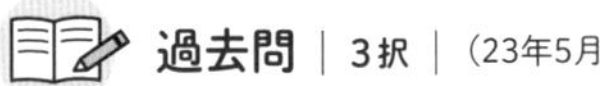

所得税において、(　　)、事業所得、山林所得、譲渡所得の金額の計算上生じた損失の金額は、一定の場合を除き、他の所得の金額と損益通算することができる。

1) 一時所得
2) 不動産所得
3) 雑所得

不、事、山、譲の赤字が損益通算できます。

下記の<資料>において、所得税における不動産所得の金額の計算上生じた損失の金額のうち、他の所得の金額と損益通算が可能な金額は、(　　)である。

<不動産所得に関する資料>
総収入金額 200万円
必要経費 400万円(土地等を取得するために要した負債の利子の額50万円を含む)

1) 150万円
2) 200万円
3) 400万円

不動産所得＝200万円－400万円＝▲200万円、うち土地等の取得に係る借入金の利子50万円は損益通算できないから、損益通算できる赤字は150万円です。

LESSON
53

所得控除の全体像を把握しよう！

所得控除は以下の15種類あります。

ここでは
所得税の解説を
していきます

所得控除 15種類

基礎控除	自分
配偶者控除	夫・妻
配偶者特別控除	所得が少し多い夫・妻
扶養控除	子や親等
勤労学生控除	働く学生
障害者控除	本人、家族が障害者
ひとり親控除	シングルマザー、シングルファザー
寡婦控除	夫と死別、離別した女性
医療費控除 ※	医療費を支払った
雑損控除 ※	災害、盗難等を受けた
寄附金控除 ※	寄附金を支払った
社会保険料控除	社会保険料を支払った
小規模企業共済等掛金控除	小規模企業共済、確定拠出年金の掛金を支払った
生命保険料控除	生命保険料を支払った
地震保険料控除	地震保険料を支払った

※医療費控除、雑損控除、寄付金控除は年末調整できず、確定申告が必要。
（ふるさと納税のワンストップ特例制度は除く）

この３つが年末調整できない理由は、手続きに必要な書類（データ）が多く、会社側も煩雑だからかな。言い換えれば、書類が少ない（手続きが簡潔な）所得控除は年末調整で控除できるよ。

所得控除は３種類に分類して覚えよう！

所得控除は大きく、以下の３つに分けられます。

- ☑ 家族構成に応じた控除
- ☑ 家族の置かれた状況に応じた控除
- ☑ 将来に備えるために保険料や掛金を支払っている場合の控除

詳しくは、
次ページの「Point」で
確認しよう！

EXERCISE

このポイントを覚えよう！

所得控除を3分類

家族構成に応じた控除	基礎控除、配偶者（特別）控除、扶養控除
家族の置かれた状況に応じた控除	（人）障害者控除、ひとり親控除、寡婦控除、勤労学生控除 （困）医療費控除、雑損控除 （助）寄附金控除
備えている場合の控除	社会保険料控除、小規模企業共済等掛金控除 生命保険料控除、地震保険料控除

家族を多く養っている人ほど
多く引けるんだよ〜

将来に備えて
保険金や掛金を多く払っている人ほど、
控除が多く税金も安くなります

過去問 | 3択 | （22年5月）

給与所得者は、年末調整により、所得税の（　　）の適用を受けることができる。

1）　雑損控除
2）　寄附金控除
3）　地震保険料控除

雑損控除、寄附金控除、医療費控除は年末調整できません。

3

家族構成に伴う所得控除

家族構成に伴う所得控除には、以下の様なものがあります。
独身で養う人がいなくても適用できる基礎控除、
要件を満たす配偶者（夫、妻）がいる場合に適用できる配偶者（特別）控除、
要件を満たす子、親等がいる場合に適用できる扶養控除

基礎控除ってなに？

基礎控除は、元々誰でも（＝基礎）引ける（＝控除）という意味です。
ただし、今では原則48万円を引けますが、合計所得金額が多くなると引けなくなる場合もあります。

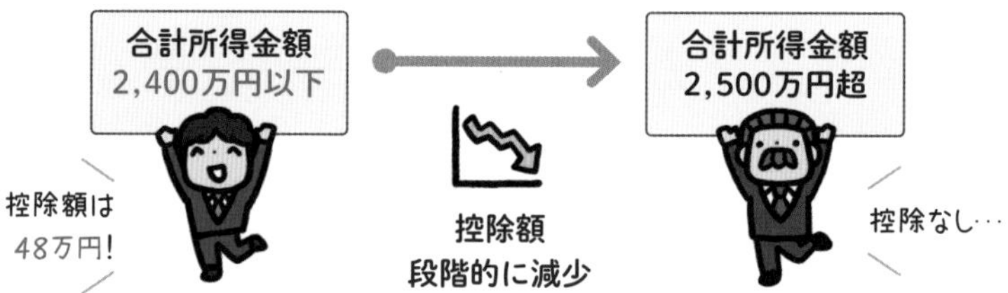

配偶者控除の条件は？

配偶者控除と扶養控除は、両方とも対象となる家族の合計所得金額が**基礎控除（48万円）以下**であることが条件ですが、本人の所得要件が異なります。

配偶者控除と扶養控除の要件

	配偶者控除	扶養控除
本人の合計所得金額	1,000万円以下	要件なし
家族の合計所得金額	48万円以下	48万円以下

EXERCISE

このポイントを覚えよう！

所得税の基礎控除、配偶者控除、扶養控除の所得金額要件等

	本人の合計所得金額	配偶者（扶養親族）の合計所得金額	控除限度額
基礎控除	2,500万円以下 満額控除は2,400万円以下	—	48万円
配偶者控除	1,000万円以下 満額控除は900万円以下	48万円以下	70歳未満　38万円 70歳以上　48万円
扶養控除	—	48万円以下	下記参照

所得税の扶養控除の額

0～15歳	なし
16～18歳	38万円（一般の控除対象扶養親族）
19～22歳	63万円（特定扶養親族）
23～69歳	38万円（一般の控除対象扶養親族）
70歳～	同居老親　58万円（同居老親等） その他　48万円（老人扶養親族）

所得税において、生計を一にする配偶者の合計所得金額が48万円を超える場合、配偶者控除の適用を受けることはできない。

配偶者の合計所得金額が基礎控除額を超える場合は適用できません。

所得税において、控除対象扶養親族のうち、その年の12月31日時点の年齢が（①）以上（②）未満である者は、特定扶養親族に該当する。

1）①16歳　②19歳
2）①18歳　②22歳
3）①19歳　②23歳

特定扶養親族（控除額63万円）は19歳以上23歳未満です。

3

選択できる！　医療費控除

納税者が自分や生計を一にする親族の医療費を支払った場合、医療費控除を受けることができます。**入院、通院、薬代など、幅広く控除できる通常の医療費控除**と、薬局等で購入した一定の**薬のみ対象**とするセルフメディケーション税制があり、どちらかを**選択適用**できます。

医療費控除　適用できる条件は？

原則**年間で10万円を超える**場合に適用できます。

ビタミン剤、マイカーの通院費用、異常が見つからなかった人間ドック等、対象外のものもあるから要注意だよ！

治療費	電車・バス	治療目的の風邪薬	マイカー通院費	サプリ
OK	OK	OK	NG	NG

セルフメディケーション税制とは？

健康診断やインフルエンザ予防接種等を受けている人が、薬局等で医療費控除の対象となる家族分の対象医薬品等を購入した場合が対象です。

年間で**1.2万円を超える**医薬品購入費が対象となり、**控除額は年間で8.8万円が上限**となります。

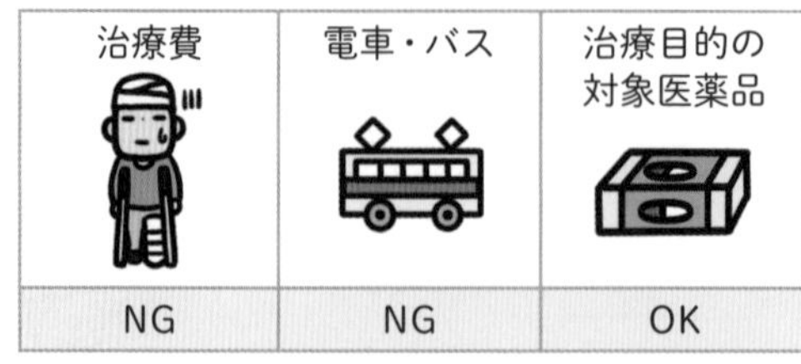

治療費	電車・バス	治療目的の対象医薬品
NG	NG	OK

通常の医療費控除に比べて、控除額は少ないね…

EXERCISE

このポイントを覚えよう！

通常の医療費控除

通常の医療費控除 （上限200万円）	（医療費－保険金等）－10万円 または総所得金額等の５％	選択適用
セルフメディケーション税制 （上限8.8万円）	（対象医薬品購入費－保険金等）－1.2万円	

医療費控除の対象

対象となる医療費	対象外となる医療費
・診療費・治療費 ・人間ドック・健康診断費用（重大な疾病が発見され、治療をした場合） ・治療のための医薬品購入費 ・電車、バス等による通院費用	・人間ドック・健康診断費用（異常なし） ・未払医療費、疾病予防費用、健康増進費用 ・差額ベッド代 ・マイカー通院のガソリン代、駐車場代等

過去問 | ○×選択 | （23年9月）

セルフメディケーション税制（特定一般用医薬品等購入費を支払った場合の医療費控除の特例）の対象となるスイッチＯＴＣ医薬品等の購入費を支払った場合、その購入費用の全額を所得税の医療費控除として総所得金額等から控除することができる。

1.2万円を超える部分が対象となります。

過去問 | 3択 | （21年5月）

所得税において、医療費控除（特定一般用医薬品等購入費を支払った場合の医療費控除の特例を除く）の控除額は、その年中に支払った医療費の金額（保険金等により補填される部分の金額を除く）の合計額から、その年分の総所得金額等の合計額の（ ① ）相当額または（ ② ）のいずれか低いほうの金額を控除して算出される。

1） ① ５％　② 88,000円
2） ① ５％　② 100,000円
3） ① 10％　② 100,000円

通常の医療費控除は、10万円または総所得金額等の5％の低い方を超える部分が対象です。

答 2

支払った全額を控除できるのは…？

社会保険料や老後資金準備制度の掛金を支払うと、支払った全額を控除できます。

対象となる控除

●社会保険料控除
社会保険料控除は加入義務がある年金、医療、介護、雇用等の社会保険料のほか、任意で加入する国民年金基金の掛金も対象となります。

●小規模企業共済等掛金控除
小規模企業共済のほか、確定拠出年金の掛金等が対象となります。

社会保険料控除と小規模企業共済等掛金控除の違い

全額控除できる点は同じですが、対象となる人が異なります。
社会保険料控除は、本人だけでなく、生計を一にする配偶者、親族の分も対象になりますが、**小規模企業共済等掛金控除は本人分に限られます**。

EXERCISE

過去問で得点力を身につけよう

このポイントを覚えよう！

社会保険料控除

年金	国民年金、厚生年金保険、国民年金基金、厚生年金基金
医療	健康保険、国民健康保険、後期高齢者医療制度、共済
その他	介護保険、雇用保険

控除の対象

社会保険料控除	本人分、生計を一にする配偶者、親族の分
小規模企業共済等掛金控除	本人分に限る

過去問 | 3択 | （23年1月）

所得税において、確定拠出年金の個人型年金の掛金で、加入者本人が支払ったものは、（　　）の対象となる。

1） 生命保険料控除
2） 社会保険料控除
3） 小規模企業共済等掛金控除

確定拠出年金の掛金は小規模企業共済等掛金控除の対象となります。

答 3

過去問 | ○×選択 | （22年1月）

夫が生計を一にする妻に係る確定拠出年金の個人型年金の掛金を負担した場合、その負担した掛金は、夫に係る所得税の小規模企業共済等掛金控除の対象となる。

小規模企業共済等掛金控除は、本人の掛金のみが控除の対象です。

答 ✕

過去問 | 3択 | （22年1月）

所得税において、国民年金基金の掛金は、（　　）の対象となる。

1） 生命保険料控除
2） 社会保険料控除
3） 小規模企業共済等掛金控除

国民年金基金の掛金は社会保険料控除の対象です。

答 2

LESSON 57 配当控除とは？

課税所得金額に対して税率を乗じて税額を求め、その後、税額から引くことができる制度を**税額控除**といいます。**配当控除**と**住宅借入金等特別控除**がポイントです。

配当控除がある理由

株の配当金は法人税等の課税後の利益をもとに分配されます。個人株主が受ける配当金に配当所得で課税すると、**会社の所得をもとに法人税と所得税の二重課税**することになるので、その調整を目的に税額の一部が軽くなります。

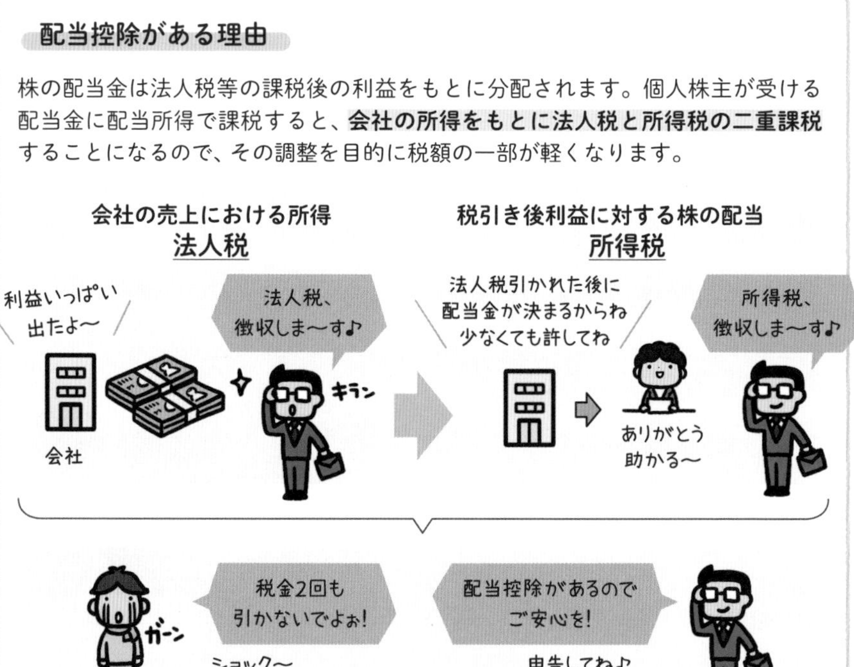

会社の売上における所得
法人税
税引き後利益に対する株の配当
所得税
利益いっぱい出たよ〜
法人税、徴収しま〜す♪
キラン
会社
法人税引かれた後に配当金が決まるからね少なくても許してね
ありがとう助かる〜
所得税、徴収しま〜す♪
ガーン
税金2回も引かないでよぉ！
ショック〜
配当控除があるのでご安心を！
申告してね♪

配当控除が使える場合

国内に本店がある法人から受けた株式の配当、株式投資信託の分配金について、**総合課税**で確定申告をすると使えます。外国株や申告分離課税では使えません。

国内企業		外国企業	不動産投資信託
総合課税	申告分離課税 申告不要	NG	NG
OK	NG		

外国企業は日本の法人税がかからないし、不動産投資信託は税引き前利益を分配するから使えないんだ

EXERCISE

このポイントを覚えよう!

上場株式等の配当所得（大口株主を除く）

	配当控除	上場株式等の譲渡所得との損益通算・繰越控除
申告不要	×	×
総合課税	○	×
申告分離課税	×	○

過去問 | ○×選択 | （23年9月）

上場不動産投資信託（J-REIT）の分配金は、確定申告をすることにより所得税の配当控除の適用を受けることができる。

不動産投資信託は税引き前利益を分配していて、二重課税の調整は不要だから、配当控除できません。

過去問 | 3択 | （23年1月）

所得税において、上場株式の配当について配当控除の適用を受けるためには、その配当所得について（　　）を選択する必要がある。

1）　総合課税
2）　申告分離課税
3）　確定申告不要制度

配当控除を適用するには、総合課税による確定申告が必要です。

答　1

LESSON 58 住宅借入金等特別控除（住宅ローン控除）

住宅借入金等特別控除とは、金融業界と不動産業界にとってありがたい景気刺激を目的とした制度で、広い住宅（**原則50㎡以上**）を長い期間の借入金（**償還期間10年以上**）で購入した場合、年末借入金残高に**0.7%**を乗じた金額を税額から引くことができます。

住宅借入金等特別控除　利用の条件

大きくは、ヒト、モノ、カネの条件全てを満たした場合に利用できるんだ。

“ヒト”の条件

- ☑ 合計所得金額2,000万円以下（原則）
- ☑ 取得から6カ月以内に居住

“モノ”の条件

- ☑ 50㎡以上（原則）
- ☑ 2分の1以上が居住用

“カネ”の条件

- ☑ 償還10年以上

例えば、所得1億、住宅を現金一括で購入してしまう、ワタシのような人間には使えない制度ということだね。

その財力、うらやましいです…

住宅ローン控除は勤務先の年末調整でできるの？

給料をもらっている人の多くは毎年12月の年末調整で、勤務先に所得税の調整をしてもらっていますが、住宅ローン控除の**1年目は税務署に確定申告が必要**です。

2年目以降は年末調整で控除できるよ。

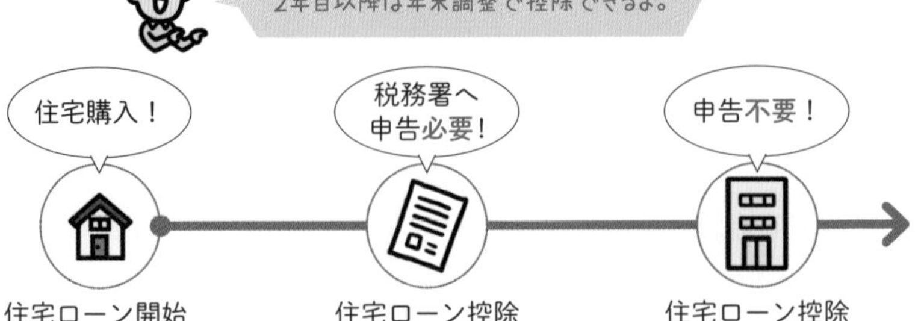

EXERCISE

このポイントを覚えよう！

本年中に取得・居住する場合の住宅借入金等特別控除・主な要件

控除期間	新築住宅等は13年、その他は10年
居住時期	取得等の日から6カ月以内
建物要件	原則、床面積50㎡以上（一定の新築住宅等は40㎡以上） 2分の1以上が居住用
所得要件	原則、控除を受ける年の合計所得金額が2,000万円以下 （一定の新築住宅等で床面積40㎡以上50㎡未満の住宅は合計所得金額1,000万円以下）
借入金要件	償還期間10年以上
確定申告	1年目は必ず確定申告が必要 2年目以降、年末調整で申告・納税を完了する給与所得者は年末調整で控除可能

住宅ローンを利用してマンションを取得し、所得税の住宅借入金等特別控除の適用を受ける場合、借入金の償還期間は、(　　) 以上でなければならない。

1) 10年
2) 20年
3) 25年

償還期間は10年以上必要です。

答 1

住宅ローンを利用して住宅を新築した個人が、所得税の住宅借入金等特別控除の適用を受けるためには、当該住宅を新築した日から1カ月以内に自己の居住の用に供さなければならない。

取得等の日から6カ月以内に入居しなければなりません。

所得税の確定申告と年末調整

所得税は１月１日から12月31日までを課税期間として所得金額、税額を計算し、原則として、住所地の所轄税務署長に対して、申告・納税します。

所得税の申告と納税はいつやるの？

課税期間の**翌年の２月16日から３月15日まで**に申告します。

ちなみに、贈与税は
2月1日から
3月15日まで。

例

1月1日　12月31日　2月16日　3月15日

課税期間 → 申告・納税期間

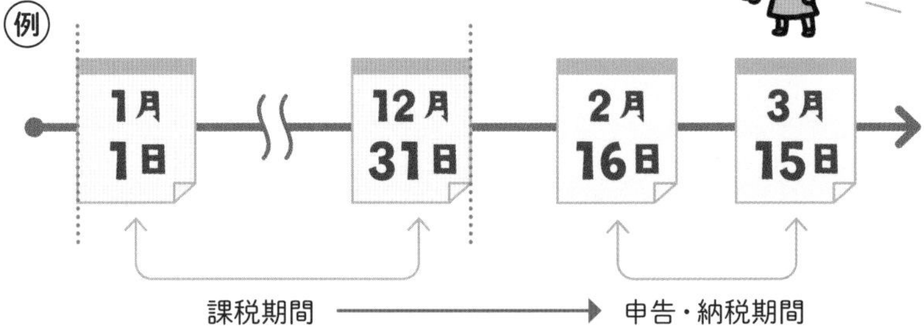

ただし、納税者が死亡した場合は、
相続人等が相続の開始があったことを
知った日の翌日から4カ月以内に
所得税の申告と納税を行うよ。

ちなみに、相続税は
10カ月だよ。

年末調整を受けられない場合もあるの？

例えば**給与収入が2,000万円を超える**場合や**雑損控除**のほか、**医療費控除**、**寄附金控除**は年末調整を受けられません。ただし、ふるさと納税で、**寄附先の自治体が５以下**であり、ワンストップ特例制度を利用する給与所得者等は、確定申告をしなくても所得税の軽減分について翌年度の住民税から控除を受けることができます。

会社員でも、
給与収入が2,000万円
超えたら年末調整して
もらえないんだね

EXERCISE

このポイントを覚えよう！

給与所得者の確定申告

必要となる主なケース	しないと適用を受けられない主なケース
・給与収入が2,000万円超 ・給与所得者で給与・退職所得以外の所得金額が20万円超 （一時所得等は2分の1後で判定）	・給与所得者が所得控除のうち雑損控除、医療費控除、寄附金控除（ワンストップ特例制度を除く）を受けたい場合 ・住宅借入金等特別控除 （１年目は例外なし、２年目以降は年末調整でも可）

過去問 ｜○×選択｜（23年9月）

給与所得者のうち、その年中に支払を受けるべき給与の収入金額が1,000万円を超える者は、所得税の確定申告をしなければならない。

2,000万円を超える場合に確定申告が必要です。

答 ×

過去問 ｜3択｜（23年5月）

所得税の確定申告をしなければならない者は、原則として、所得が生じた年の翌年の（①）から（②）までの間に、納税地の所轄税務署長に対して確定申告書を提出しなければならない。

1）①２月１日　②３月15日
2）①２月16日　②３月15日
3）①２月16日　②３月31日

所得税の申告期限は2月16日から３月15日までです。

答 2

過去問 ｜○×選択｜（21年9月）

「ふるさと納税ワンストップ特例制度」の適用を受けるためには、同一年中の寄附金の額の合計額が５万円以下でなければならない。

寄附先の自治体が5以下でなければなりません。

答 ×

LESSON
60

自営業者が適用できる青色申告と特典

不動産所得、**事**業所得、**山**林所得を生ずる業務を行う者は、青色申告を選択して、一定水準の帳簿を備え付けると、税務上の特典を受けることができます。なお、青色申告を選択しない人を白色申告といいます。

不・事・山の
3つの所得ね

青色申告の手続き期限

青色申告は、原則、その年の3月15日までに所轄税務署長に手続きをしなければなりませんが、**1月16日以降に新規開業**する場合は、開業から**2カ月以内**に手続きをすれば、その年から青色申告を選択できます。

今年から青色申告
したかったのに…

3/1に開業したよ!
でも青色申告の手続きは
3/15に間に
合わなかったよ…

開業おめでとう!
1/16以降の新規開業なら、
開業から2カ月以内の
手続きで間に合うよ!

今日は3/31だから
まだ大丈夫!

ちなみに、試験では、開業から"2カ月以内"のところを、
"3カ月"で引っかける問題がよく出るよ。

青色申告の特典って?

青色申告には特典があります。事業所得や不動産所得の計算上、必要経費を引いた後、さらに**最高65万円**(期限後申告等の場合は最高10万円)を差し引いたり、損益通算をしても引ききれない損失がある場合には、**翌年以降3年間の繰越控除**ができます。

特典
1

青色申告特別控除　最高65万円!
(期限後申告の場合は最高10万円)

特典
2

純損失の翌年以降３年間の繰越控除!

どちらも
白色申告では
できないよ!

EXERCISE

青色申告

このポイントを覚えよう！

適用対象者	不動産所得、事業所得、山林所得を生ずる業務を行っている者
手続き期限	原則、適用を受けたい年の３月15日まで １月16日以降に開業の場合、開業から２カ月以内
特典	・純損失の繰越控除（翌年以降３年間） ・純損失の繰戻還付 ・棚卸資産の評価における低価法の選択 ～事業所得、事業的規模で不動産を貸付の場合～ ・一定要件のもと、青色事業専従者給与を必要経費に算入できる ・最高55万円（電子申告（e-Tax）等の場合は65万円）の青色申告特別控除を適用できる ・上記要件を満たさない場合は最高10万円

過去問 | 3択 | （23年9月）

その年の１月16日以後新たに事業所得を生ずべき業務を開始した納税者が、その年分から所得税の青色申告の承認を受けようとする場合、原則として、その業務を開始した日から（　　）以内に、青色申告承認申請書を納税地の所轄税務署長に提出しなければならない。

1）　２カ月
2）　３カ月
3）　６カ月

１月16日以降に開業した場合、開業から２カ月以内に青色申告承認申請書を提出すれば間に合います。

答　1

過去問 | ○×選択 | （22年9月）

所得税において、青色申告者に損益通算してもなお控除しきれない損失の金額（純損失の金額）が生じた場合、その損失の金額を翌年以後最長で５年間繰り越して、翌年以後の所得金額から控除することができる。

純損失の繰越控除期間は最長３年です。

答　×

不動産

不動産の取引や活用に関する法律、不動産の税金、不動産の有効活用について学習します。法律や税金のことを知らないと、想定外のトラブルや高額の税金を負担することになりかねないので、しっかりと理解しましょう。

Q. 不動産の法律ってどんなことを勉強するの?

A

不動産は高額な資産なのでトラブルになると大変ですから、取引や活用に関する法律を知ることが重要です。

- 調べる(不動産登記法)
- 売る・買う(民法、宅地建物取引業法)
- 貸す・借りる(民法、借地借家法)
- 建物を建てる(建築基準法)
- マンションに住む(区分所有法)

これらのルールを知っていることで、取引や活用も上手にできますし、トラブルを事前に防ぐことができます。

Q. 不動産の税金って どんなものがあるの？

A

不動産は自動車と同じように、取得するときも課税されるし、持っているときも毎年、課税されます。だから、全く使っていない不動産を持ち続けても、税金が大きな負担になります。ですから、土地や建物を貸して収益を上げることを考えることも大切です。売ったり、貸したりして利益が出たときも所得税が課税され、相続や贈与で不動産をもらうと、相続税や贈与税が課税されます。取引する頻度は少ないかもしれませんが、人生における影響が大きいテーマです。

LESSON
61

不動産の履歴書･不動産登記って？

不動産の物理的な概要と権利関係を知りたいときは、不動産登記を調べます。
不動産登記は、**法務局で誰でも調査できます**。

不動産登記　何が書いてあるの？

大きく分けて、3つの部分から構成されています。
表題部（場所や広さなどの物理的概要）、権利部甲区（所有権の履歴）、権利部乙区（抵当権（担保とする権利）や賃借権（借りる権利）等）に分かれています。

不動産登記です、
どうぞ！

へぇ〜
初めて見た〜

表題部	所在　○○　地番　○○ 地目　○○　地積　○○㎡
権利部（甲区） 所有権に関する事項	所有権保存　所有者　○○ ○○ 所有権移転　所有者　○○ ○○
権利部（乙区） 所有権以外に関する事項	抵当権設定　債権額　○○万円 抵当権者　○○銀行

不動産登記は必須なの？

表題登記は義務、権利の登記は原則任意ですが、相続により所有権を取得した場合、取得を知った日から原則3年以内に登記しなければなりません。**登記をすれば、第三者に対抗（主張）できます**が、登記をしない場合、原則、その権利を第三者に対抗（主張）できません。

いざという時に
権利主張できないと
ツライなぁ…。
登記するか。

不動産登記の記載が原因でトラブルになったら？

登記を調べることはとても大切ですが、**不動産登記には公信力はありません**。不動産登記の内容を信じて取引を行った結果、トラブルが発生した場合は、原則保護されません。

だから、不動産登記以外の
調査をすることも大事だよ。

EXERCISE

このポイントを覚えよう!

登記記録

表題部	義務 新築等は 1カ月以内	土地：地番、地目、地積など 建物：家屋番号、種類、構造、床面積など
権利部（甲区）	任意※	所有権に関する事項（差押え含む）
権利部（乙区）		所有権以外の権利に関する事項（賃借権、抵当権等）

※相続で所有権を取得したことを知ったときから3年以内に登記義務あり

公信力と対抗力

公信力	公信力はない 登記を信用して取引し、トラブルにあった場合、原則、保護されない
対抗力	登記された権利は第三者に対抗できる。 ［例外］　借地権は借地上の建物を登記すると第三者に対抗できる 借家権は建物の引渡しを受けていれば第三者に対抗できる

過去問 | ○×選択 | （23年9月）

不動産の登記事項証明書は、対象不動産について利害関係を有する者以外であっても、交付を請求することができる。

誰でも調査できます。

答　○

過去問 | 3択 | （23年1月）

土地の登記記録において、抵当権に関する事項は、（　　）に記録される。

1）　表題部
2）　権利部（甲区）
3）　権利部（乙区）

所有権以外の権利は権利部（乙区）に記録されます。

答　3

LESSON
62

土地の価格には4つある

不動産の取引や税金対策において、不動産の価格を知ることはとても重要です。土地の価格には、時価のほかに、公示価格、基準地標準価格、相続税路線価、固定資産税評価額の４つの価格があります。

公示価格と基準地標準価格

公示価格と基準地標準価格は、売買の目安として使われています。

公示価格は毎年１月１日時点、基準地標準価格は毎年７月１日時点の価格として調査・公表されています。

公示価格	基準地標準価格
毎年 1月1日 時点	毎年 7月1日 時点

基準日が
違うのね!

相続税路線価と固定資産税評価額

相続税路線価は**相続税・贈与税**の計算、固定資産税評価額は**固定資産税**のほか、**都市計画税、不動産取得税、登録免許税**の計算で使われます。

相続税路線価と固定資産税評価額の
違い、ポイント2つを教えるよ。

税金の計算で使う分、
少し安く
評価するのね。

① 対公示価格 
相続税路線価は公示価格のおおむね80％程度、固定資産税評価額は公示価格の概ね70％程度で評価します。

② 評価替えのサイクル 
固定資産税評価額は3年ごと、他の3つは毎年、評価替えします。

4つの土地の価格の中で
3年ごとは固定資産税評価額
だけなんだね。

EXERCISE

このポイントを覚えよう!

4つの土地の価格

	調査	対公示価格	基準日	評価替え
公示価格	国土交通省	−	1月1日	毎年
基準地標準価格	都道府県	100%	7月1日	毎年
路線価	国税庁	80%	1月1日	毎年
固定資産税評価額	市町村	70%	1月1日	3年ごと

過去問 | 3択 | (23年9月)

相続税路線価は、相続税や(①)を算定する際の土地等の評価額の基準となる価格であり、地価公示法による公示価格の(②)を価格水準の目安として設定される。

1) ① 贈与税　② 70%
2) ① 贈与税　② 80%
3) ① 固定資産税　② 80%

相続税路線価は相続税や贈与税の計算で使用し、公示価格の80%で評価されます。

答 2

過去問 | 3択 | (23年9月)

土地および家屋に係る固定資産税評価額は、原則として、(　　)ごとの基準年度において評価替えが行われる。

1) 2年
2) 3年
3) 5年

固定資産税評価額は3年ごとに評価替えされます。

答 2

LESSON 63

売買契約と手付金のルール

売買契約を締結すると、買主は、売買代金の一定割合の手付金を売主に支払います。特に定めがない場合、解約するときのペナルティの基準（解約手付）と扱います。

手付金の扱い方

いいおうち見つけたんだけど、他の物件に手付金を払ってしまったわ…
正直、キャンセルしたいんだけど…

売主側はまだ契約に着手してないかな？それなら手付金を諦めれば契約解除できるよ！
えっ、ホント？手付金の放棄はイタイけど…

手付金は最終的には売買代金に充当されますが、相手方が契約に手をつける前であれば、買主は手付金を放棄して、売主は手付金の倍額（受け取った手付金＋同額の自腹）を現実に提供すると契約を解除することができます。

例 売買代金3,000万円、手付金300万円の場合

買主：手付金300万円を放棄！
売主：受け取った手付金300万＋同額300万円＝600万円を買主へ！

⇨ 契約の解除OK！

手付金の上限

一般人同士の売買契約であれば上限はありませんが、**売主が宅地建物取引業者（宅建業者）、買主が宅建業者以外の場合、売買代金の2割まで**に制限されています。

例 売買代金3,000万円で、売主が宅建業者、買主が宅建業者以外の場合

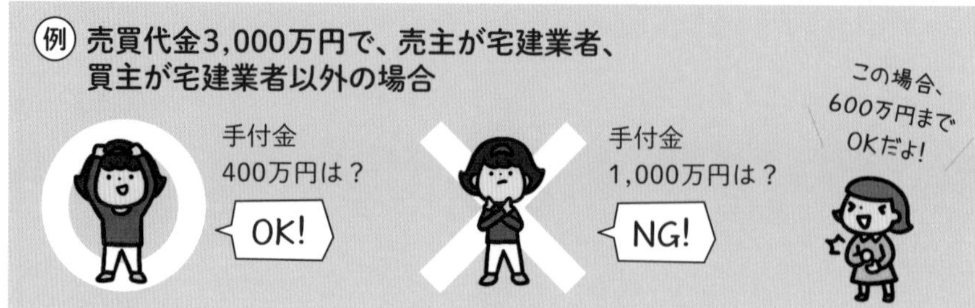

手付金
400万円は？
OK!
手付金
1,000万円は？
NG!
この場合、600万円までOKだよ！

EXERCISE

このポイントを覚えよう！

手付金

特に定めがない場合	解約手付として扱われる
手付解除の要件	相手方が契約履行に着手するまで解除できる 買主からの解除：手付金の放棄 売主からの解除：手付金の倍額を現実に提供
宅建業者が売主、 宅建業者以外が買主の場合	売買代金の２割まで有効

過去問 | 3択 | （22年1月）

不動産の売買契約において、買主が売主に解約手付を交付した場合、売主は、（ ① ）が契約の履行に着手するまでは、受領した手付（ ② ）を買主に提供することで、契約の解除をすることができる。

1） ① 買主　② と同額
2） ① 買主　② の倍額
3） ① 売主　② と同額

相手方が履行に着手するまで解除できるので、買主が履行するまでであれば解除でき、売主による手付解除は手付金の倍額の提供が必要です。

2

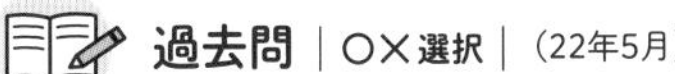

過去問 | ○×選択 | （22年5月）

宅地建物取引業者は、自ら売主となる宅地または建物の売買契約の締結に際して、買主が宅地建物取引業者でない場合、売買代金の額の２割を超える額の手付金を受領することができない。

宅建業者が売主、宅建業者以外が買主の場合、手付金は売買代金の2割が上限です。

LESSON 64 宅地建物取引業者の免許と媒介契約の種類

宅地建物取引業を営むには免許が必要です。宅地建物取引業とは業として行う**宅地・建物の「売買・交換」「売買・交換・貸借の代理、媒介」**といいます。

不動産関係の取引　免許の要否

地主や大家が**土地、建物を貸すことは、宅地建物取引業ではない**ので**免許は不要**です。依頼を受けて相手を探す業務（媒介、代理）は免許が必要です。

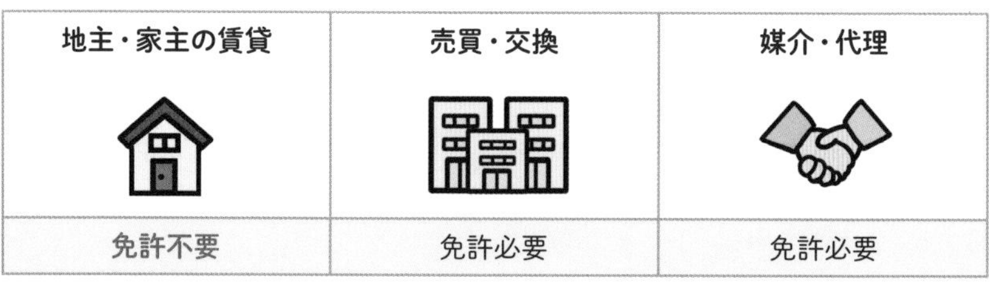

地主・家主の賃貸	売買・交換	媒介・代理
免許不要	免許必要	免許必要

3種類の媒介契約

媒介契約には一般媒介契約、専任媒介契約、専属専任媒介契約の３種類があります。

一般媒介契約  複数の不動産業者に依頼できる契約。

不動産業者さんから見ると
ライバルがいることになるから
ちょっと嫌かもね。。。

専任媒介契約  他の業者に依頼できない契約。有効期間は3カ月。直接取引（自分で取引相手を見つけること）ができる。

専属専任媒介契約  他の業者に依頼できない契約。有効期間は3カ月。直接取引（自分で取引相手を見つけること）もできない。

EXERCISE

このポイントを覚えよう！

媒介契約の種類

	一般媒介契約	専任媒介契約	専属専任媒介契約
複数業者への依頼	できる	できない	できない
自己発見取引	できる	できる	できない
期間	−	3カ月を上限	3カ月を上限
指定流通機構への登録義務	なし	7日以内	5日以内
依頼者への報告義務	なし	2週間に1回以上	1週間に1回以上

過去問 | ○×選択 | （23年5月）

アパートやマンションの所有者が、当該建物を賃貸して家賃収入を得るためには、宅地建物取引業の免許を取得しなければならない。

宅地・建物の賃貸は宅地建物取引業ではないため、免許は不要です。

過去問 | 3択 | （23年1月）

宅地建物取引業法において、宅地建物取引業者が依頼者と締結する宅地または建物の売買の媒介契約のうち、専任媒介契約の有効期間は、最長（　　）である。

1）　1カ月
2）　3カ月
3）　6カ月

専任媒介契約、専属専任媒介契約の有効期間は最長3カ月です。

借地契約とは？

普通借地権と定期借地権

建物所有を目的とする賃借権等を借地権といい、借主は法律で厚く保護されています。存続期間が満了した時点で、**建物があれば更新される普通借地権**と、**存続期間が満了したら更新されずに終了する定期借地権**があります。

借地権の契約期間は？

建物所有を目的とするため、原則、長い分には問題なく、「○年以上」というルールが基本です。
更新がある**普通借地権は当初の存続期間は30年以上**、定期借地権のうち、**一般定期借地権は50年以上、事業用定期借地権等は10年以上50年未満**で決めます。

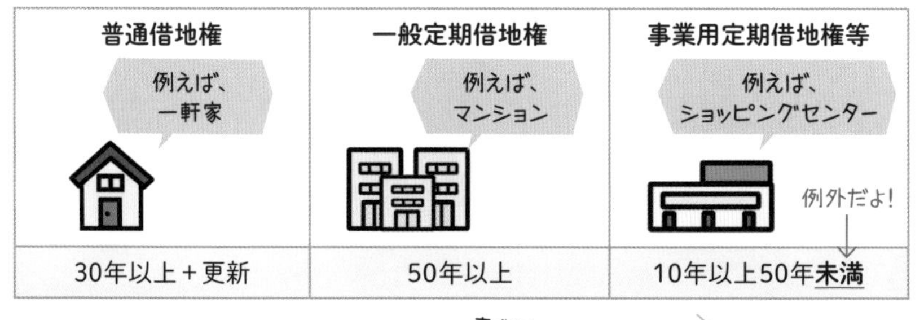

普通借地権	一般定期借地権	事業用定期借地権等
例えば、一軒家	例えば、マンション	例えば、ショッピングセンター 例外だよ！
30年以上＋更新	50年以上	10年以上50年未満

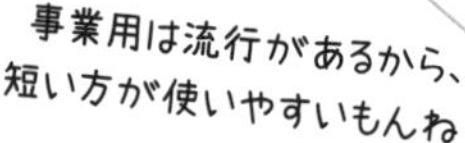

事業用は流行があるから、
短い方が使いやすいもんね

定期借地権

定期借地権は更新がない契約であり、一般定期借地権と事業用定期借地権等は通常、建物を取り壊して返還するため、細かいルールがあります。

気をつけるのは、

借地契約終了時点で建物を
買取り請求OK。正反対だね。

2つの定期借地契約は契約書が必要

一般定期借地権は書面（電磁的記録も可）、事業用定期借地権等は公正証書で契約する。

短い借地契約で終了時に
住宅使用者がいると、
トラブルが予想されるからね。

住宅目的NG

事業用定期借地権等は住宅目的では利用できない。

EXERCISE

このポイントを覚えよう！

定期借地権

	一般定期借地権	事業用定期借地権等
契約方法	書面（電磁的記録も含む）で契約	公正証書で契約
期間	50年以上	10年以上50年未満
その他	原則、更地で返還	原則、更地で返還 居住用建物には利用できない

※ほかに建物譲渡特約付借地権もあります。

過去問 | ○×選択 | （23年1月）

借地借家法において、事業用定期借地権等の設定を目的とする契約は、公正証書によってしなければならない。

事業用定期借地権等は公正証書で契約します。

答 ○

過去問 | 3択 | （22年9月）

借地借家法における定期借地権のうち、（　　）は、居住の用に供する建物の所有を目的として設定することができない。

1） 一般定期借地権
2） 事業用定期借地権等
3） 建物譲渡特約付借地権

事業用＝居住用以外と考えます。

答 2

借家契約とは？

借地契約と同様に、借家契約も、法律で借主は厚く保護されており、**借主に正当事由がない限り更新がある普通借家契約と、更新がない定期借家契約**があります。

2つの借家契約

アパート借りるよ！
どんな契約に

普通借家契約

普通借家契約は、**存続期間を決める場合は1年以上**としなければならず、**1年未満の期間を定めると期間の定めがない**ものとみなされます。この場合、**貸主は正当事由があっても申出から6カ月後に終了**、**借主は正当事由がなくても申出から3カ月後に終了**となります。

1年未満だと短くて家賃が上がるんじゃないかとか
不安になるよね。不安にさせるような
期間設定の契約はしてはダメだよって理解しよう。

一般的かな。
定期借家契約
っていうのも
あるんだけどね。

定期借家契約は更新を前提としないため、**存続期間は自由**に決められますが、トラブル防止のため様々なルールがあります。

全部、普通借家契約だと
勘違いしてトラブルが
起きることを防ぐための
ルールなんだよ。

例えば…

- 契約書を作成
- 契約前に定期借家契約であることを書面で説明すること
- 存続期間が1年以上の場合、終了の1年前から6カ月前までに終了通知をすること

など。

EXERCISE

このポイントを覚えよう!

借家契約

	普通借家	定期借家
更新	あり。貸主が拒絶するには正当事由が必要	なし。再契約は可能
契約方法	口頭も有効	書面(電磁的記録も含む)で契約 契約前に定期借家契約である旨を書面で説明しなければならない
期間	定める場合は1年以上 1年未満で定めると期間の定めがないものとされる	自由に定められる

過去問 | ○×選択 | (23年9月)

借地借家法によれば、定期建物賃貸借契約(定期借家契約)では、貸主に正当の事由があると認められる場合でなければ、貸主は、借主からの契約の更新の請求を拒むことができないとされている。

普通借家契約は貸主に正当事由がなければ更新を拒絶できないけど、定期借家契約には更新がありません。

答 ×

過去問 | ○×選択 | (22年9月)

借地借家法において、定期建物賃貸借契約(定期借家契約)では、契約当事者の合意があっても、存続期間を1年未満とすることはできない。

定期借家契約の存続期間は自由に定めることができます。

答 ×

区分所有法とは？

マンションを買うとき、マンションを売るとき、３つの権利を取引しています。建物の権利は専有部分（各室）、共用部分（各室以外、廊下や階段等）、建物に附属する敷地利用権の３つです。

住んでいる人に
影響が大きいよ。

共用部分の持分割合で費用負担が決まる

マンションを持っていると毎月、管理費や修繕積立金を管理組合に支払いますが、費用負担は原則、**共用部分の持分割合**（専有部分の面積割合）で決まっています。
また、売買するときは、上記の３つの権利を一体で取引するのが原則です。

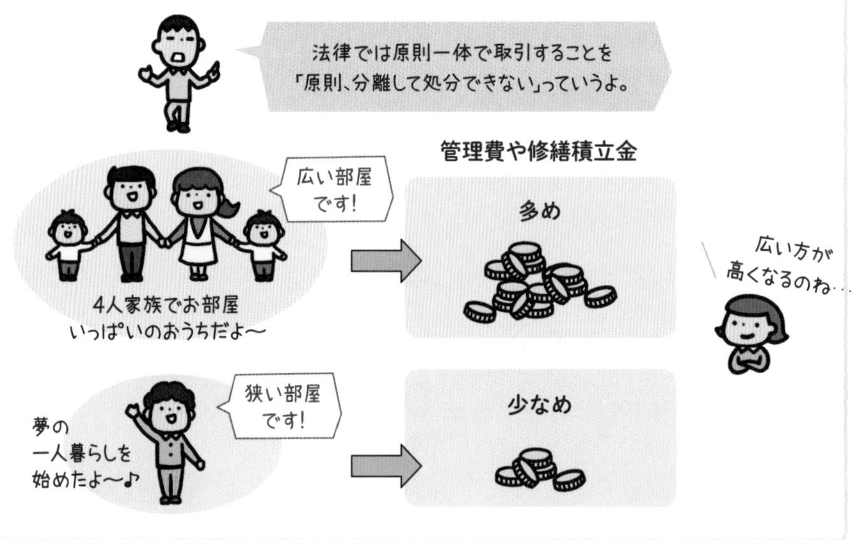

「原則、分離して処分できない」っていうよ。

4人家族でお部屋
いっぱいのおうちだよ〜

高くなるのね…

一人暮らしを

管理組合の運営

マンションでは毎年1回、集会を開いて、様々なことを決めます。
通常は頭数（区分所有者）と面積（議決権割合）で過半数の賛成があれば可決されますが、**ルール（規約）の設定・変更・廃止は4分の3以上、建替えは5分の4以上**等、大切なことは大多数の賛成が必要です。

通常	規約の 設定・変更・廃止	建替え
過半数	4分の3以上	5分の4以上

多数決で決めるあたり、
議会のようなものだね。

EXERCISE

このポイントを覚えよう！

区分所有法

専有部分	区分所有権の目的となる部分
共用部分	専有部分以外の建物の部分 持分割合は原則、専有部分の床面積割合 原則、専有部分と分離処分できない
敷地利用権	専有部分を所有するための敷地の権利 原則、専有部分と分離処分できない

区分所有法で定める集会の決議の定数

規約の設定・変更等	区分所有者・議決権の各４分の３以上の賛成
建替え	区分所有者・議決権の各５分の４以上の賛成

過去問 | 3択 | (23年9月)

建物の区分所有等に関する法律（区分所有法）によれば、規約の変更は、区分所有者および議決権の各（　　）以上の多数による集会の決議によらなければならない。

1）　3分の2
2）　4分の3
3）　5分の4

規約の変更は４分の３以上の賛成が必要です。

答　2

過去問 | 3択 | (23年1月)

建物の区分所有等に関する法律（区分所有法）によれば、集会においては、区分所有者および議決権の各（　　）以上の多数により、区分所有建物を取り壊し、その敷地上に新たに建物を建築する旨の決議（建替え決議）をすることができる。

1）　3分の2
2）　4分の3
3）　5分の4

建替え決議は５分の４以上の賛成が必要です。

答　3

LESSON 68 街作りのための法律 都市計画法

計画的に街作りを進める区域を**都市計画区域**といい、その中でも、**市街化を進める市街化区域**と、**市街化を抑制する市街化調整区域**に線引きをすることもできます。

市街化区域と市街化調整区域の違い

市街化区域	市街化調整区域
計画的に街を作るため、住居系、商業系、工業系等の用途地域を定めます。	市街化調整区域は市街化を抑制するため、原則として用途地域を定めません。

建物の建設等のために行う土地の区画や形質の変更のことを開発行為といい、都市計画区域内等で開発行為をする場合、原則として、**事前に都道府県知事等の許可**を受けなければなりません。

なぜ許可が必要なの？

建物の安全性も重要ですが、建物を建てる土地の開発も無許可では不安があるため、原則、許可が必要です。ただし、許可が不要なケースもあります。
たとえば、**市街化区域では1,000㎡未満**なら、**許可はいりません**。

大規模開発	小規模開発
許可必要です！ 申請お待ちしてま〜す	許可不要です！ ご自由にどうぞ〜♪

EXERCISE

このポイントを覚えよう！

都市計画法

市街化区域	既に市街地を形成している区域、10年以内に優先的、計画的に市街化を図るべき区域	用途地域を定める
市街化調整区域	市街化を抑制すべき区域	原則、用途地域を定めない

過去問 | ○×選択 | （23年9月）

都市計画法によれば、市街化区域については、用途地域を定めるものとし、市街化調整区域については、原則として用途地域を定めないものとされている。

市街化区域は計画的に市街化を進めるため、用途地域を定めますが、市街化調整区域は市街化を抑制するため、用途地域は原則定めません。

答　○

過去問 | ○×選択 | （23年1月）

都市計画法において、市街化区域内で行う開発行為は、その規模にかかわらず、都道府県知事等の許可を受けなければならない。

市街化区域では、1,000㎡未満の開発行為は許可不要です。

答　×

建築基準法　～道路と用途のルール～

都市計画区域内で、建物を建てる敷地は、**幅４ｍ以上の道路に２ｍ以上接していなければなりません。**

道路の制限がある理由の１つは街全体の安全を守るためといえるよ。道路幅が４ｍ以上必要なのは、一般車なら何とか対面通行できるし、間口が２ｍ以上あれば、自動車も置けるし、火事の消火にも支障が出にくいからね。

道路幅は４ｍ以上必要！

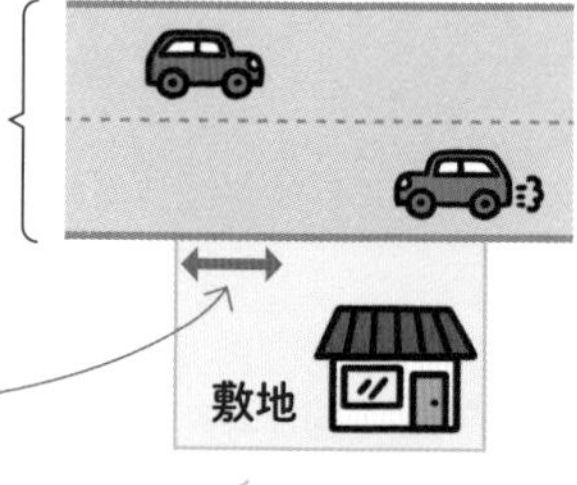

敷地が道路に接する幅は２ｍ以上必要！

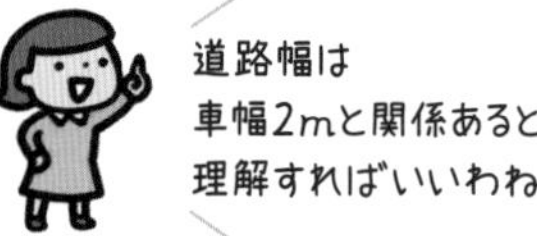

道路幅は車幅2ｍと関係あると理解すればいいわね

もしも道路幅が４ｍ未満だったら？

建替え等のタイミングで、原則、**道路中心線から２ｍの位置まで敷地が後退**し、道路になります。これをセットバックといいます。

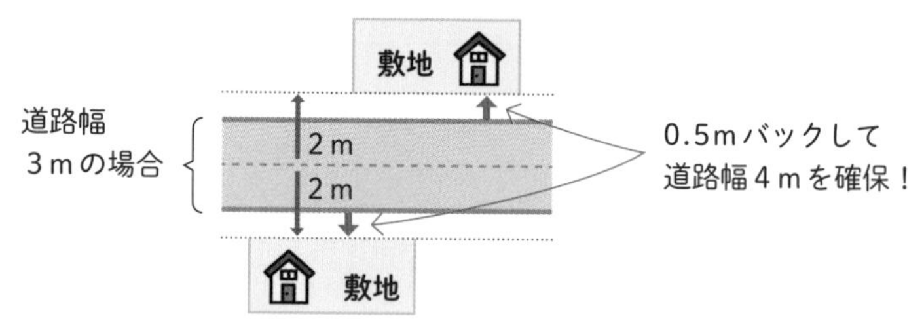

用途地域や防火地域

建てることができる（できない）建物は、各用途地域ごとで決まっており、防火制限が厳しい地域では、燃えにくい建物（耐火建築物等）を建築しなければなりません。

複数の用途地域にわたる場合 	広い面積を占める方の用途地域の制限で判断する。
防火制限が異なる場合 	安全優先。原則、厳しい方の防火制限が全体に適用される。

EXERCISE

このポイントを覚えよう！

道路の定義と接道義務

建築基準法上の道路	原則幅員４ｍ以上 特定行政庁が指定する幅員４ｍ未満の道路は、原則、道路中心線から２ｍの線を道路境界線とみなす
接道義務	原則２ｍ以上 建築基準法上の道路に接しないと建築物を建築できない

制限の異なる地域にわたる場合

用途制限	敷地の過半の属する地域（広い方）の制限を敷地全体に適用
防火制限	原則、厳しい方の制限を適用（防火地域＞準防火地域＞その他）
建蔽率・容積率	加重平均（別々に計算して合計）

都市計画区域内にある建築物の敷地は、原則として、建築基準法に規定する道路に２ｍ以上接していなければならない。

間口は２ｍ以上必要です。

都市計画区域内にある幅員４ｍ未満の道で、建築基準法第42条第２項により道路とみなされるものについては、原則として、その中心線からの水平距離で２ｍ後退した線がその道路の境界線とみなされる。

中心線から２ｍバックすることで、
幅４ｍを確保します。

建築基準法において、建築物が防火地域および準防火地域にわたる場合、原則として、その全部について防火地域内の建築物に関する規定が適用される。

防火制限は、原則、厳しい方が適用されます。

建築基準法 ～建蔽率や容積率など～

建物の広さ（建築面積）は建蔽率（けんぺいりつ）、大きさ（延べ面積）は容積率を使って計算します。

計算式はコレ!

建築面積の最高限度＝敷地面積×建蔽率
延べ面積の最高限度＝敷地面積×容積率

延べ面積は各階の面積の合計のことだよ

例 敷地面積200㎡、指定建蔽率60％、指定容積率200％、道路幅員６ｍ

建物の建築面積 ⇨ 200㎡×60％＝120㎡が限度！

なお、**延焼しにくい条件を満たせば、建蔽率が緩和**されて、より広く建築できます。

特定行政庁 指定の角地	防火地域＆耐火建築物等 準防火地域＆（準）耐火建築物等	防火地域・耐火建築物等 建蔽率80％
10％加算	10％加算	100％

ココに注意！

こんなルールもあるよ！

●**道路が狭い場合**

前面道路の幅（複数ある場合は広い方）が12ｍ未満の場合、指定容積率と前面道路幅で計算した容積率（道路幅員×40％or60％）の低い方が適用されます。

道路幅が狭いと、
建物から逃げ出すときの
安全性等に不安が
あるからね。

●**低層住居専用地域**

（第一種・第二種）低層住居専用地域等では、建物の高さは原則10ｍまたは12ｍを超えることはできません。

EXERCISE

このポイントを覚えよう！

建蔽率と容積率

	定義	最高限度の計算方法
建蔽率	建築面積の敷地面積に対する割合	敷地面積×建蔽率＝建築面積
容積率	延べ面積の敷地面積に対する割合	敷地面積×容積率＝容積率

建蔽率の加算

特定行政庁が指定する角地	10％加算	
防火地域内にある耐火建築物等	原則	10％加算
	建蔽率80％	100％
準防火地域内にある耐火建築物等または準耐火建築物等	10％加算	

過去問 | 3択 | （23年9月）

下記の200㎡の土地に建築面積120㎡、延べ面積160㎡の２階建ての住宅を建築した場合、当該建物の建蔽率は、（　　）である。

1）　60％
2）　80％
3）　100％

敷地面積200㎡×建蔽率＝建築面積120㎡
→ 建蔽率は60％になります。

ちなみに、容積率は80％ね。（敷地面積200㎡×容積率＝延べ面積160㎡）

答　1

過去問 | 3択 | （23年5月）

建築基準法によれば、第一種低層住居専用地域内の建築物の高さは、原則として（　　）のうち当該地域に関する都市計画において定められた建築物の高さの限度を超えてはならないとされている。

1）　10ｍまたは12ｍ
2）　10ｍまたは20ｍ
3）　12ｍまたは15ｍ

第一種低層住居専用地域の建物の高さは原則10ｍまたは12ｍが上限です。

答　1

食料を確保するための農地法

農地は勝手に売買、貸し借りしたり、転用することはできず、原則、許可が必要です。

なんで許可が必要なの？

農家ではない人が農地を手に入れても、作物が取れるような状態を維持することは難しいため、農家を把握している農業委員会の許可がなければ、売買や貸し借りができません。

農家だよ!
農地買ったよ
野菜育てたよ!!
画家だよ!
農地買ったよ
荒地になっちゃったよ…
片手間ではムリだね…

市街化区域では、許可なしでも農地を転用できる

市街化区域は市街化を進めたい区域のため、農地を潰すこと（転用）に対して許可は不要です。ただし、事前に農業委員会への届出は必要です。

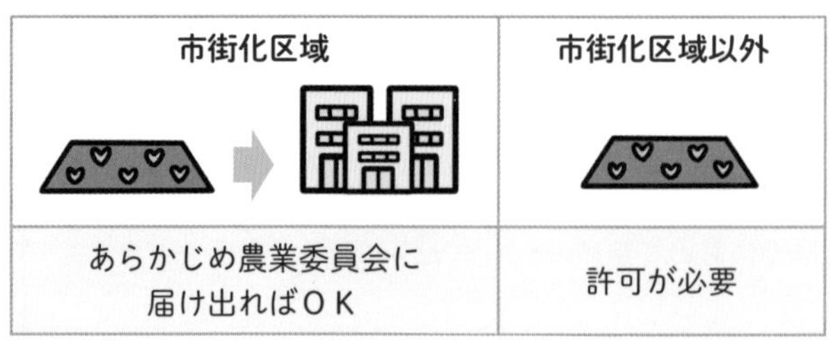

市街化区域	市街化区域以外
あらかじめ農業委員会に届け出ればＯＫ	許可が必要

市街化区域は、都市計画法で勉強したね！

市街化調整区域とかは原則どおりだよ

EXERCISE

農地法

このポイントを覚えよう!

	3条 (権利移動)	4条 (転用)	5条 (転用目的の権利移動)
許可権者(原則)	農業委員会	都道府県知事等	
市街化区域内の特例	なし	あらかじめ農業委員会に 届け出れば許可不要	

過去問 | 3択 | (24年1月)

農地法によれば、農地を農地以外のものに転用する場合、原則として、(①)の許可を受けなければならないが、市街化区域内にある農地を農地以外のものに転用する場合、あらかじめ当該転用に係る届出書を(②)に提出すれば、(①)の許可を受ける必要はない。

1) ① 農林水産大臣　② 都道府県知事等
2) ① 農林水産大臣　② 農業委員会
3) ① 都道府県知事等　② 農業委員会

農地を転用する(潰す)場合は、原則、都道府県知事等の許可が必要ですが、市街化区域の農地を潰す場合は、あらかじめ農業委員会へ届け出れば許可は不要です。

答 3

過去問 | 3択 | (23年5月)

市街化区域内において、所有する農地を自宅の建築を目的として宅地に転用する場合、あらかじめ(　　)に届出をすれば都道府県知事等の許可は不要である。

1) 農業委員会
2) 市町村長
3) 国土交通大臣

前の問題と論点は同じですね。

答 1

LESSON 71 食料を確保するための農地法

LESSON 72

不動産の取得に係る税金

不動産を取得すると不動産取得税、不動産の権利登記をすると登録免許税、事業者から建物を取得すると消費税がかかります。

不動産取得税

不動産の**所有権を売買や贈与等によって取得**すると、固定資産税評価額をもとに計算して、都道府県が**課税**します。ただ、**相続で取得しても課税されません。**

売買	贈与	相続

課税	課税	非課税

消費税の課税対象

消費税は、**事業者が事業として対価を得て行う資産の譲渡、貸付け、役務の提供に対して課税**されます。

課税されないケースは、例えば以下のケースがあります。

- ☑ 個人が個人的に行う取引（例：マイホームの売却）
- ☑ 土地の譲渡、貸付け（1カ月未満を除く）
- ☑ 住宅の貸付け（1カ月未満を除く）

土地は消費されない資産だから、
住宅の貸付けは社会的配慮から、
いずれも原則、消費税は課税されないんだね。

建物譲渡・貸付	住宅貸付け	土地譲渡・貸付
原則、課税	原則、非課税	原則、非課税

EXERCISE

このポイントを覚えよう！

不動産取得税

課税主体	都道府県
課税・非課税	課税　：売買、交換、贈与、新築、増改築等 非課税：相続、法人の合併等

不動産取引と消費税

	譲渡	貸付
土地	非課税	原則、非課税
建物	課税	住宅以外：課税 住宅　　：原則、非課税

過去問 ｜○×選択｜（22年1月）

不動産取得税は、相続人が不動産を相続により取得した場合には課されない。

贈与による取得は課税されますが、相続による取得は課税されません。

過去問 ｜3択｜（23年5月）

井上さんは、下記<資料>の物件の購入を検討している。この物件の購入金額（消費税を含んだ金額）として、正しいものはどれか。なお、<資料>に記載されている金額は消費税を除いた金額であり、消費税率は10％として計算すること。また、記載のない条件については一切考慮しないこととする。

<資料>

1．　5,200万円
2．　5,300万円
3．　5,500万円

消費税は建物部分のみに課税されます。
2,000万円×1.1＋3,000万円
＝5,200万円

不動産の保有に係る税金

不動産に係わる税金として、**1月1日時点**の土地や建物の所有者には固定資産税、市街化区域内であれば都市計画税も課税されます。

固定資産税

1月1日時点の所有者に対して、市町村（東京23区は東京都）が課税します。
固定資産税評価額に税率（標準税率1.4％）を乗じて課税します。
ただし、**住宅用地**は、住戸1戸につき、**200㎡**までの部分は、課税標準を固定資産税評価額の**6分の1**にしてくれます。

住宅用建物の軽減措置

例えば新築住宅の場合、新築当初数年間（例：認定長期優良住宅である戸建ては5年間）、床面積120㎡までの部分の固定資産税が2分の1に軽減されます。

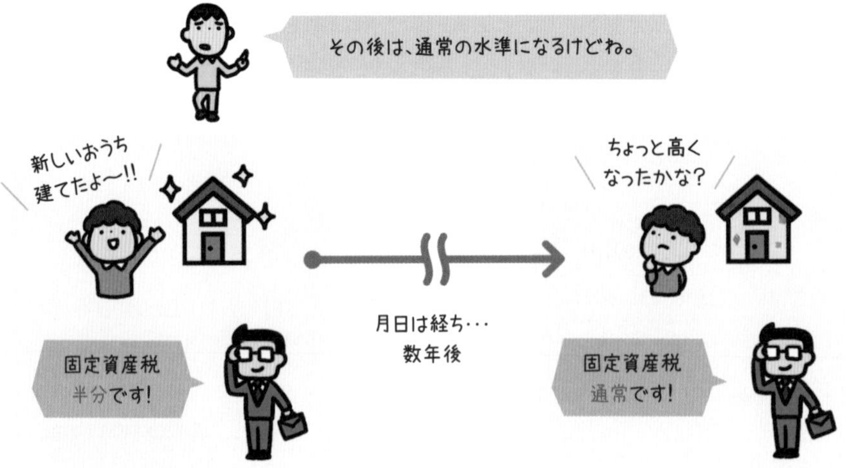

その後は、通常の水準になるけどね。
新しいおうち
建てたよ〜!!
ちょっと高く
なったかな？
月日は経ち…
数年後
固定資産税
半分です!
固定資産税
通常です!

EXERCISE

固定資産税

このポイントを覚えよう！

	固定資産税
課税対象	土地・家屋・償却資産
納税義務者	1月1日時点の固定資産課税台帳に登録されている所有者
税額（原則）	固定資産税評価額×1.4％
住宅用地の課税標準	住戸１戸あたり200㎡以下の部分は 固定資産税評価額の６分の１
新築住宅用建物の税額軽減	購入当初数年間、床面積120㎡までの部分につき２分の１

過去問 | 3択 | （22年9月）

固定資産税における小規模住宅用地（住宅用地で住宅１戸につき200㎡以下の部分）の課税標準については、当該住宅用地に係る固定資産税の課税標準となるべき価格の（　　）の額とする特例がある。

1）　２分の１
2）　４分の１
3）　６分の１

住戸1戸につき200㎡までの住宅用地の課税標準は６分の１となります。

過去問 | ○×選択 | （21年9月）

「住宅用地に対する固定資産税の課税標準の特例」は、自己の居住用家屋の敷地である宅地にのみ適用されるため、賃貸アパートの敷地である宅地については適用されない。

住宅用地であれば、マイホームの敷地、貸家の敷地は問いません。

不動産の譲渡所得とは?

4章のタックスプランで学習したように、不動産の譲渡所得は**分離**課税の対象となり、所有期間の長期、短期で税率が異なります。

覚えてる?

譲渡所得＝譲渡収入金額－（取得費＋譲渡費用）

取得費の求め方

契約書も
見当たらず…

ナイ…

取得費が
わからないんだけど、
どうしよう…

その場合は、
譲渡収入金額の5%
として計算するよ。

通常、取得費は取得価額から減価償却費相当額を引いて求めますが、取得費が分からない場合、**譲渡収入金額の5%**として計算します。

短期譲渡と長期譲渡

譲渡年の1月1日時点で5年以下の場合は**短期**譲渡、**5年超**の場合は**長期**譲渡となります。

短期と長期で大きく違うのは、税率です。

短期譲渡		所得税　30.63% 住民税　9%
長期譲渡		所得税　15.315% 住民税　5%

ひぇ〜
税金高すぎ!!

他の多くの
金融商品と同じ
税率だね。

EXERCISE

このポイントを覚えよう！

不動産の譲渡所得

計算式	譲渡収入金額－（取得費＋譲渡費用）
取得費	原則、取得価額－減価償却費相当額 不明の場合、譲渡収入金額×５％ 相続で取得した場合や、相続開始の翌日から相続税の申告期限の翌日以後３年以内に譲渡した場合、相続税の一定割合を取得費に加算
譲渡費用	建物取壊し費用、仲介手数料、立退料など

不動産の譲渡所得の短期譲渡・長期譲渡の所有期間判定と税率

	所有期間（譲渡年１月１日時点）	税率
短期譲渡	５年以下	所得税30.63％、住民税９％
長期譲渡	５年超	所得税15.315％、住民税５％

過去問 | ○×選択 | （23年1月）

個人が土地を譲渡したことによる譲渡所得の金額の計算において、譲渡した土地の取得費が不明である場合、当該収入金額の10％相当額を取得費とすることができる。

取得費が不明の場合、譲渡収入金額の５％を取得費とすることができます。

答　×

過去問 | 3択 | （22年1月）

相続により取得した土地について、「相続財産に係る譲渡所得の課税の特例」（相続税の取得費加算の特例）の適用を受けるためには、当該土地を、当該相続の開始があった日の翌日から相続税の申告期限の翌日以後（　　）を経過する日までの間に譲渡しなければならない。

1）　２年
2）　３年
3）　５年

相続税の申告期限の翌日以後３年以内に譲渡した場合、譲渡する資産に対応する相続税を取得費に加算できます。

答　2

LESSON 74　不動産の譲渡所得とは？

居住用財産の譲渡、空家の譲渡の特例

マイホームを売却して利益が出た場合、3,000万円まで税金がかからない特例や、税率を軽減する特例、相続で取得した空家を売却して利益が出た場合には、最高3,000万円まで税金がかからない特例があります。

居住用財産の売却に関わる税金

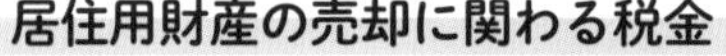

3,000万円まで税金がかからない特例あり

- ☑ 住まなくなってから３年後の年末までに売れば適用できる
- ☑ 所有期間の条件もない

軽減される特例あり

- ☑ 所有期間が10年を超える場合には、通常の税率よりも軽減される

マイホームは最重要資産だから、売って儲かっても、
税金を軽くしてくれるんだね。

被相続人の居住用財産（空き家）に係る譲渡所得の特別控除の特例

危ない空家を放置しないために、相続で取得した空家を譲渡した場合も特別控除（最高3,000万円）があります。

例えば、以下のような条件だよ。

- ☑ 相続開始から３年後の年末までに譲渡
- ☑ 旧耐震基準である1981年５月31日までに建築された住宅（区分所有建物を除く）であること
- ☑ 譲渡価格が1億円以下であること
- ☑ 一定の期限までに新耐震基準に適合するリフォームをするか取り壊す

マンションとか、
新しい家は
ダメなのね。

EXERCISE

このポイントを覚えよう！

居住用財産の譲渡の特例の所有期間要件等

	所有期間要件（譲渡年１月１日）	併用
3,000万円特別控除	なし	できる
軽減税率の特例	10年超	
特定居住用財産の買換え特例	10年超	できない

軽減税率の特例

課税所得金額6,000万円以下の部分	所得税10.21％、住民税４％
課税所得金額6,000万円超の部分	所得税15.315％、住民税５％

過去問 | 3択 | （23年9月）

自己が居住していた家屋を譲渡する場合、その家屋に居住しなくなった日から（ ① ）を経過する日の属する年の（ ② ）までに譲渡しなければ、「居住用財産を譲渡した場合の3,000万円の特別控除」の適用を受けることができない。

1） ① ３年　② ３月15日
2） ① ３年　②12月31日
3） ① ５年　②12月31日

住まなくなってから３年後の年末までに譲渡することが要件です。

答 2

過去問 | ○×選択 | （23年5月）

個人が相続により取得した被相続人の居住用家屋およびその敷地を譲渡し、「被相続人の居住用財産（空き家）に係る譲渡所得の特別控除の特例」の適用を受けるためには、譲渡資産の譲渡対価の額が6,000万円以下であることなどの要件を満たす必要がある。

譲渡対価は１億円以下であることが要件です。

答 ×

土地の有効活用 ～事業方式～

土地を活用して収益を生む方法には、「土地を貸す」「土地に建物を建てて建物を貸す」方法があります。

建物を建てて貸す方法

昔から行われている方法では、土地所有者が資金を調達して、自分で建物を建てて貸す自己建設方式や事業受託方式があります。

そのほか、テナント（入居者）から資金を調達して、**テナントの仕様に合わせて建物を建てて、テナントに貸す建設協力金方式**や、**土地を提供して、建物はデベロッパーが建てて、出資割合で土地と建物を交換する等価交換方式**があります。

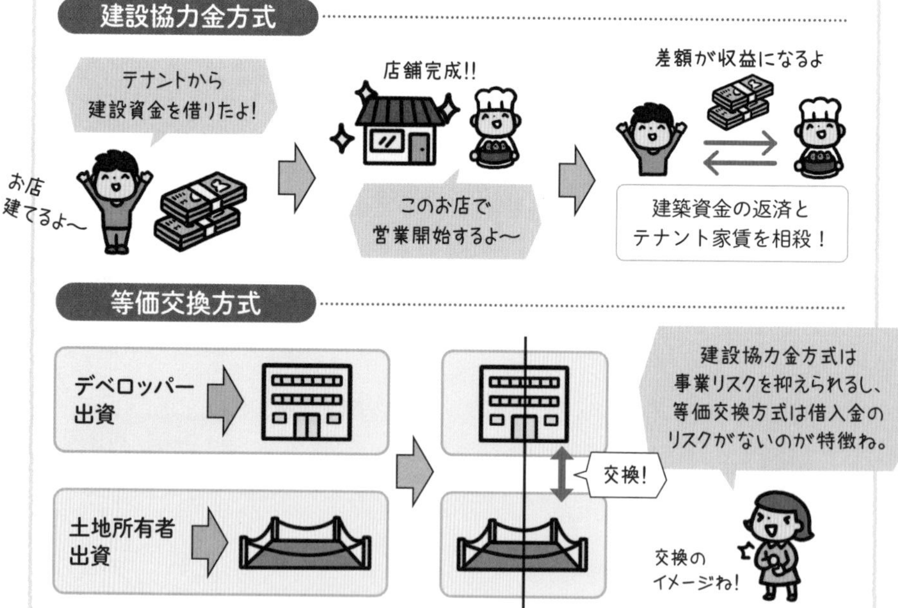

土地を貸す方法

土地を貸す方法には、定期借地権方式があります。

土地を貸すだけだから手軽な一方、
建物を貸すよりも収入は少なくなるよ。

EXERCISE

このポイントを覚えよう！

土地の有効活用事業方式

	資金調達	土地所有者	建物所有者
事業受託	土地所有者	土地所有者のまま	土地所有者
建設協力金	テナントから一部または全部	土地所有者のまま	土地所有者
等価交換	不要	本人、デベロッパーが共有 出資割合に応じて、開発業者に土地の持分等を譲渡	本人、デベロッパーが区分所有 出資割合に応じて、開発業者から取得する
定期借地権	不要	土地所有者のまま	借地権者

過去問 | ○×選択 | (22年9月)

土地の有効活用方式のうち、一般に、土地所有者が土地の全部または一部を拠出し、デベロッパーが建設資金を負担してマンション等を建設し、それぞれの出資比率に応じて土地や建物に係る権利を取得する方式を、建設協力金方式という。

土地を出資し、出資比率に応じて、土地と建物に係る権利を交換・取得する方式を等価交換方式といいます。

答 ×

過去問 | 3択 | (22年5月)

土地の有効活用において、一般に、土地所有者が入居予定の事業会社から建設資金を借り受けて、事業会社の要望に沿った店舗等を建設し、その店舗等を事業会社に賃貸する手法を、(　　)という。

1) 等価交換方式
2) 建設協力金方式
3) 事業用定期借地権方式

入居予定者から建設資金を借りて、建物を建設し、賃貸する方式を建設協力金方式といいます。

答 2

LESSON 77 利回り計算をしてみよう

不動産投資に限らず、収益率を試算して投資するか否かの判断を行います。
利回りには表面利回りと純利回り（NOI利回り、実質利回り）があります。

利回り計算

表面利回り	⇨	年間収入の投資金額に対する割合。費用を考慮していない分、数値は高くなる。
純利回り（NOI利回り、実質利回り）	⇨	年間収入から年間費用を差し引いた純収益の投資金額に対する割合。実感値に近い数値となる。

計算例

例 年間収入200万円、年間費用60万円、投資金額2,500万円の場合

表面利回り ⇨ 200万円÷2,500万円×100＝８％

純利回り ⇨ （200万円－60万円）÷2,500万円×100＝5.6％

ワンポイントアドバイス！
復習だよー

FPの試験では色々な利回りがありますが、基本的な考え方は全部同じで、１年間の利益の投資金額に対する割合です。

⇨ 配当利回り＝１株年間配当金÷株価×100（％）

⇨ **債券の（応募者、最終、所有期間）利回り**
たとえば応募者利回りなら

$$\frac{\text{表面利率} + \dfrac{(\text{額面}(100\text{円}) - \text{発行価格})}{\text{償還年限}}}{\text{発行価格}} \times 100\,(\%)$$

$$= \frac{\text{もうけ} \div \text{所有期間}}{\text{発行価格}} \times 100$$

EXERCISE

このポイントを覚えよう！

利回り

表面利回り	年間収入÷投資金額×100
純利回り（NOI利回り）	（年間収入－年間費用）÷投資金額×100

過去問 ｜3択｜（23年9月）

投資総額5,000万円で購入した賃貸用不動産の年間収入の合計額が270万円、年間費用の合計額が110万円である場合、この投資の純利回り（NOI利回り）は、（　　）である。

1）　2.2%
2）　3.2%
3）　5.4%

純利回り＝
（270万円－110万円）÷5,000万円×100＝3.2%

答　2

過去問 ｜3択｜（23年1月）

投資総額１億2,000万円で購入した賃貸用不動産の年間収入の合計額が1,050万円、年間費用の合計額が300万円である場合、この投資の純利回り（NOI利回り）は、（　　）である。

1）　2.50%
2）　6.25%
3）　8.75%

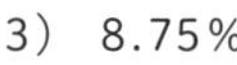

純利回り＝
（1,050万円－300万円）÷１億2,500万円×100＝6.25%

答　2

過去問 ｜○×選択｜（23年9月）

配当性向とは、株価に対する１株当たり年間配当金の割合を示す指標である。

これは配当利回りの説明です。不動産の問題ではないけどついでに覚えておきましょう！

答　×

相続・事業承継

この科目は相続や贈与のルールを定めた民法、相続税、贈与税の計算方法、財産評価の方法について学習します。相続や贈与は財産をもらうと通常、安くない税金がかかりますが、特例や非課税制度もあります。

Q. どうして相続には法律問題が多いの？

A 相続対策は「争族」対策とも言われるように、人が亡くなったときに、誰が、どの財産をもらうのか、どのくらいもらうのかで、もめるケースがあります。このため、民法に関する知識を学習します。

もめそうだからこそ、
民法で一応のルールが
定められているのね。

相続税や
贈与税の節税は、
将来、役立ちそう!

Q. 相続税の節税・納税対策って？

相続対策には、どう分けるかのほかにも、いかに相続税を減らすか（節税対策）、どのように税金を納税するか（納税対策）もあります。

- 遺族（法定相続人）が多いほど、相続税が安くなる
- 遺族にとって大切な敷地なら、8割引き・5割引きになる
- 亡くなった人の配偶者が財産をもらうと相続税が大幅に安くなる

この科目では、こういったルールを活用して税金を軽くする知識を身に付けます。

Q. 贈与税の節税って？

A

相続対策の1つとして、死ぬ前に家族にあげる（贈与する）こともできますが、実は、通常、相続税よりも高い贈与税がかかります。ただし、夫婦間のマイホームの贈与や、父母・祖父母からの住宅資金や教育資金等の贈与では税金が安くなる特例があります。

Q. 財産の評価って？

A

相続税や贈与税の計算では、現金よりも生命保険金、現金よりも換金性の低い不動産、空地や空家よりもアパートの敷地、建物のほうが評価額が低く、税金が安くなります。このように財産評価のルールに関する知識は重要です。

LESSON 78 相続後の手続き3点セット

家族が死亡した後一般的に、お通夜やお葬式のほか、財産をもらう・もらわないの決断、亡くなった人の所得税、相続税の申告の手続きがあります。

家族が亡くなったら、財産は…？

ありがたく
受け取ります!
そっか、じゃあ
借金もよろしくね…
えっ?!

相続財産にはプラスの財産のほか、借金などのマイナスの財産もあります。

プラス財産・マイナス財産の全部をもらうことを「**単純承認**」、
プラス財産の範囲内でマイナス財産をもらうことを「**限定承認**」、
プラス財産もマイナス財産をもらわないことを「**放棄**」といいます。

限定承認または放棄は相続開始を知ったときから
3カ月以内に家庭裁判所で手続きが必要だよ。
何もしないと単純承認扱いになるから気をつけよう。

死亡した人の税金の申告期限は？

死亡した人の所得税の準確定申告は、相続開始があったことを知った日の翌日から**4カ月**以内、相続税の申告は**10カ月**以内です。

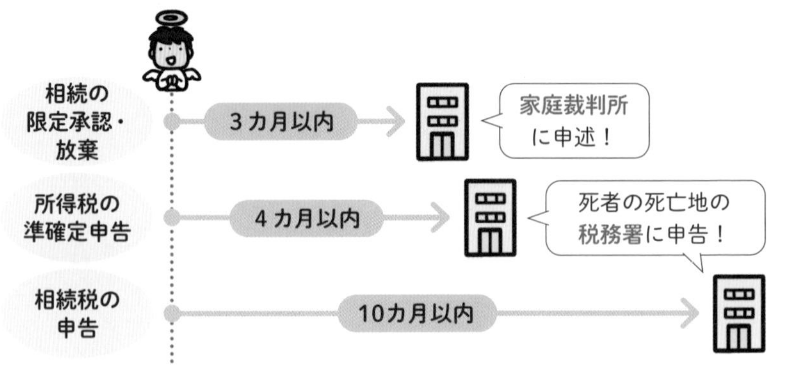
相続の
限定承認・
放棄
3カ月以内
家庭裁判所
に申述！
所得税の
準確定申告
4カ月以内
死者の死亡地の
税務署に申告！
相続税の
申告
10カ月以内

EXERCISE

このポイントを覚えよう！

相続開始後の手続き（原則）

	手続き先	手続き期限
限定承認・放棄	家庭裁判所	相続開始を知ったときから3カ月以内
所得税 準確定申告	被相続人の 住所地の税務署	相続開始を知った日の翌日から4カ月以内
相続税の申告	被相続人の 住所地の税務署	相続開始を知った日の翌日から10カ月以内

過去問 | ○×選択 | (23年1月)

相続人は、原則として、自己のために相続の開始があったことを知った時から3カ月以内に、相続について単純承認または限定承認をしなければ、相続の放棄をしたものとみなされる。

家庭裁判所に、限定承認または放棄の手続きをしない場合、単純承認とみなされます。

×

過去問 | 3択 | (19年9月)

確定申告を要する納税者Aさんが本年8月20日に死亡した。Aさんの相続人は、同日にAさんの相続の開始があったことを知ったため、本年分のAさんの所得について（　　）（休業日の場合は翌営業日）までにAさんの死亡当時の納税地の所轄税務署長に対して所得税の準確定申告書を提出しなければならない。

1）　本年11月20日
2）　本年12月20日
3）　翌年1月20日

死亡した人の所得税は、相続開始があったことを知った日の翌日から4カ月以内に行います。

2

相続人と法定相続分

死亡した人を**被相続人**、財産をもらうことができる権利がある人を**相続人**といいます。
配偶者は必ず相続人になることができますが、**血族相続人は優先順位**があります。

相続人が決まると法定相続分も決まりますが、相続人の組合せによって、法定相続分も変わってきます。

❶	❷	❸
下の相続人（＝子）。実子、養子、嫡出子、非嫡出子（婚外子）も同じ。	子や孫などの下が誰もいなければ、上の相続人（＝父母など）。	誰も上がいなければ兄弟姉妹が相続人。

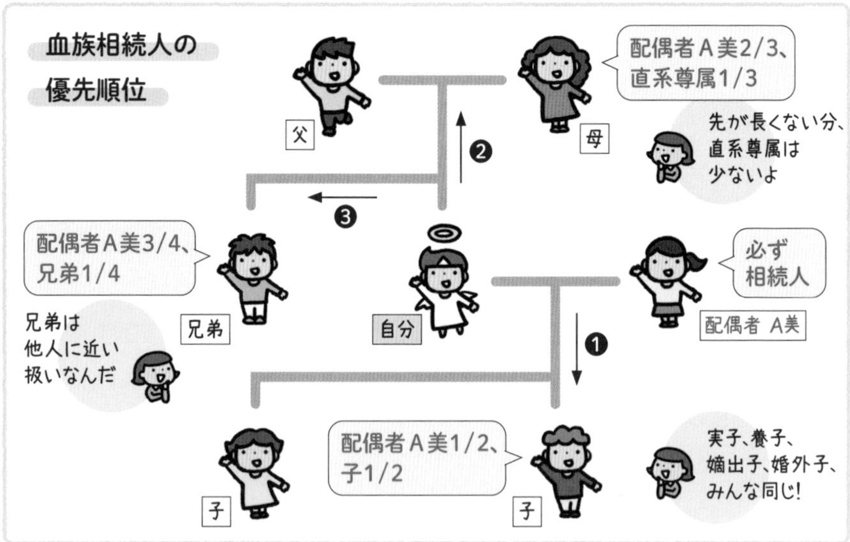

子どもや兄弟が既に死んでいる場合はどうなるの ?

孫や兄弟姉妹の子、つまり孫や甥・姪が相続することになります。これを「代襲相続（だいしゅうそうぞく）」と言います。
相続人が放棄した場合は、いなかったものとされて、**代襲相続はありません**。

- ☑ その子はいなかった扱い
- ☑ 他の子がいれば、他の子はそのまま相続人に
- ☑ 他に子や代襲相続人がいなければ親が相続人に

民法が定める相続のルール

相続人と法定相続分

優先順位	相続人	法定相続分
第１順位	配偶者と子	配偶者1/2、子1/2
第２順位	配偶者と直系尊属	配偶者2/3、直系尊属1/3
第３順位	配偶者と兄弟姉妹	配偶者3/4、兄弟姉妹1/4

・同順位の者が複数いる場合は、原則、按分する。
（例：養子と実子、嫡出子と婚外子等）
・相続を放棄した者がいる場合は、相続人ではなかったものとする。
・相続人となるべき子、兄弟姉妹が既に死亡している場合等は、
その子が代襲相続人となる。
・代襲相続人が複数いる場合は、死亡した者の法定相続分を均等按分する。

普通養子と特別養子

	親子関係	相続税の基礎控除や生命保険金等の非課税の計算
普通養子	実親、養親ともにあり	実子がいれば１人まで 実子がいなければ２人まで
特別養子	養親のみ	実子扱い

代襲相続

あり	被相続人の子、兄弟姉妹が死亡している場合や 欠格、廃除により相続権を失っている場合
なし	被相続人となるべき子、兄弟姉妹が相続放棄した場合

EXERCISE

過去問 | ○×選択 | (23年5月)

特別養子縁組が成立した場合、養子となった者と実方の父母との親族関係は終了する。

普通養子は実親との親子関係が続きますが、特別養子と実親の関係は終了します。

過去問 | 3択 | (22年9月)

下記の<親族関係図>において、Aさんの相続における長男Cさんの法定相続分は、(　　)である。

<親族関係図>

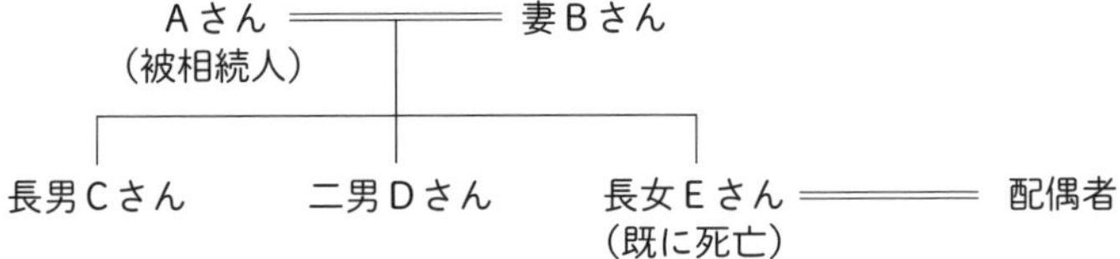

1) 3分の1
2) 4分の1
3) 6分の1

❶のパターンです。
配偶者と子が相続人ですから、配偶者1/2、子1/2となります。長女Eさんは死亡しており、子がいないため、代襲相続はありません。この場合、妻B、長男Cさん、二男Dさんが相続人となり、長男Cさん、二男Dさんの法定相続分は1/2を2等分するので、1/4になります。

2

過去問 | 3択 | （23年9月）

下記の＜親族関係図＞において、Aさんの相続における妻Bさんの法定相続分は、（　）である。

＜親族関係図＞

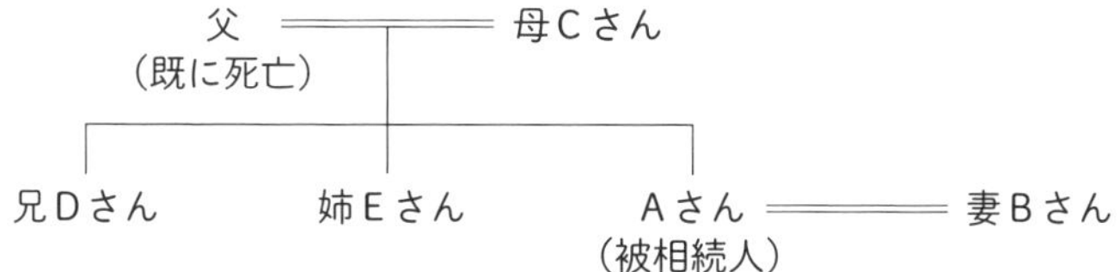

1）　2分の1
2）　3分の2
3）　4分の3

❷のパターンです。
配偶者と母が相続人ですから、配偶者2/3、母1/3になります。

過去問 | 3択 | （22年1月）

下記の＜親族関係図＞において、Aさんの相続における兄Cさんの法定相続分は、（　）である。

＜親族関係図＞

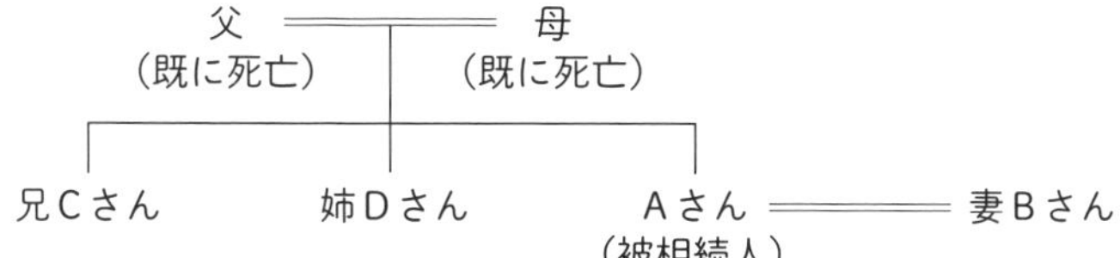

1）　4分の1
2）　6分の1
3）　8分の1

❸のパターンです。
配偶者と兄弟姉妹が相続人なので、
配偶者3/4、兄弟姉妹1/4になります。
兄弟姉妹が2人いるので、2等分します。

3

自筆証書遺言と公正証書遺言

死亡する人は、あらかじめ作成する遺言で、財産を誰に残すか指定できます。
主に作成されるのは、自筆証書遺言と公正証書遺言です。

遺言書の作成

自筆証書遺言	公正証書遺言
・基本的には手書きで作成し、署名。 ・財産目録だけは、コピーやパソコンで作成OK。 自分で書くよ〜	・公証役場の公証人が作成する遺言書。 ・遺言書を作成するときに、2人以上の証人が必要。 プロである私が作成します。

証人が必要な公正証書遺言に比べると、自筆証書遺言は手軽に作れるね。

遺言書の検認

自筆証書遺言は手軽に作れますが、遺言者の死亡後、家庭裁判所の検認が必要となります。ただし、**法務局保管をしている自筆証書遺言**や**公正証書遺言は検認が不要**なので、すぐに遺産分割手続きに入ることができます。

自筆証書遺言（自宅保管）	自筆証書遺言（法務局保管）	公正証書遺言
検認が必要！	検認は不要！	検認は不要！

EXERCISE

このポイントを覚えよう！

遺言書の種類

	自筆証書遺言	公正証書遺言
作成方法	原則、全文、日付、署名は自筆 財産目録はコピー可 （全ページ署名押印が必要）	公証人が筆記
証人・立会人	不要	作成時に２人以上必要※
遺言者死亡後の家庭裁判所の検認	原則、必要 法務局保管の場合は不要	不要

※推定相続人、受遺者、その配偶者や直系血族等は証人となることができない

過去問 ｜〇×選択｜（23年5月）

自筆証書遺言書保管制度を利用して、法務局（遺言書保管所）に保管されている自筆証書遺言については、家庭裁判所による検認の手続を要しない。

自宅保管の自筆証書遺言は検認が必要ですが、法務局保管の遺言は検認が不要です。

答 〇

過去問 ｜〇×選択｜（23年1月）

公正証書遺言の作成においては、証人２人以上の立会いが必要であるが、遺言者の推定相続人はその証人となることができない。

推定相続人、受遺者やその配偶者、直系血族は証人になれません。

財産をもらう人やその近い人は利害関係があるから、なれません。

答 〇

LESSON 81

遺産分割と遺留分

遺言があれば、原則、遺言にしたがって分割しますが、遺言がなければ話し合い（遺産分割協議）で遺産を分割します。

遺言がない場合

あ、遺言書、
書き忘れた〜
妻よ、
スマン…
子供たち〜
全員集合!!
もう、
パパったら!
悲しんでるヒマなんか
ないじゃないの!

遺産分割協議は**相続人全員**が参加して、**全員の同意**が必要となります。

話し合いで決める場合、法定相続分にかかわらず、
自由に決めることができるよ。

話し合いで決まらない場合

話し合いでは
全然決まらないわ!!
子供達がケンカ
しちゃったじゃないの!

こんな場合は
家庭裁判所に相談を!

話し合いがうまくいかなければ、家庭裁判所の力を借りることもできます。

遺留分って？

遺言があった場合でも、相続人は、**遺留分という最低保証割合**より取り分が少ない場合は、遺留分を主張できます。
遺留分は、配偶者、直系血族（父母、子など）にはありますが、**兄弟姉妹にはありません**。
遺留分は原則、**相続財産の2分の1**です。ただし、直系尊属のみが相続人である場合は3分の1となります。

兄弟姉妹は法定相続分も
少ないし、本当に
他人に近い扱いなのね。

EXERCISE

過去問 ｜〇×選択｜（23年9月）

共同相続人は、被相続人が遺言により相続分や遺産分割方法の指定をしていない場合、法定相続分どおりに相続財産を分割しなければならない。

遺産分割協議は、法定相続分に拘束されません。

過去問 ｜3択｜（23年1月）

法定相続人である被相続人の（　　）は、遺留分権利者とはならない。

1）　父母
2）　兄弟姉妹
3）　養子

兄弟姉妹には遺留分はありません。

答　2

過去問 ｜3択｜（23年5月）

下記の＜親族関係図＞において、遺留分を算定するための財産の価額が2億4,000万円である場合、長女Eさんの遺留分の金額は、（　　）となる。

＜親族関係図＞

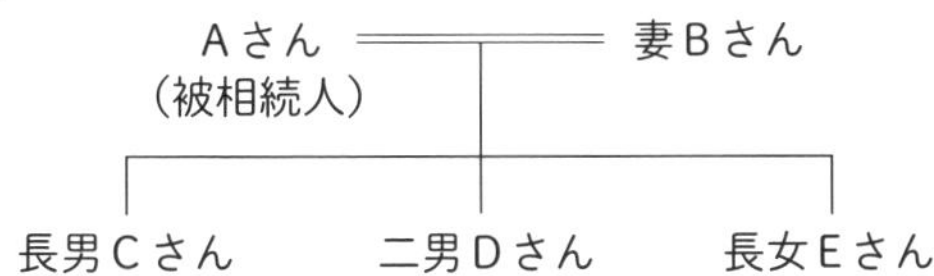

1）　1,000万円
2）　2,000万円
3）　4,000万円

配偶者と子3人が相続人なので、法定相続分は配偶者1/2、子は各1/6となるよ。遺留分は相続財産の1/2だから、長女Eさんの遺留分は1/12になるため、2億4,000万円×1/12＝2,000万円です。

答　2

相続税の計算の流れ

このページは、過去問はないよ！
流れをしっかり理解しようね。

相続、遺贈および**死因贈与**により取得した財産は相続税の対象となります。
大きく分けて、3段階に分けて計算します。

3段階の計算式

まずは計算式をチェックしよう！

第1段階　相続税の課税価格の計算

各人ごとに相続税の課税価格を求める。

- ＋ 本来の相続財産、みなし相続財産
- − 非課税財産、債務控除、葬式費用
- ＋ 相続時精算課税制度により贈与された財産、暦年課税による生前贈与加算

第2段階　課税遺産総額、相続税の総額の計算

①課税遺産総額の計算

第1段階で求めた各人の課税価格を合計し、基礎控除を差し引き、課税遺産総額を求める。

課税価格の合計額－基礎控除＝課税遺産総額

②相続税の総額の計算

課税遺産総額を法定相続人が法定相続分どおりに分けたと仮定して、各相続人の相続税額を求め、合計する。

第3段階　納付税額の計算

①相続税の総額を、財産取得割合に応じて按分して、算出税額を求める。

②財産を取得した人に応じて、相続税額の調整を行い、各人の納付税額を求める。

- ＋ 相続税額の2割加算
- − 贈与税額控除、配偶者の税額軽減、相続時精算課税制度における贈与税額控除など

計算式の意味を知ろう！

第１段階

相続税の課税価格を求めます。相続財産、みなし相続財産、生前贈与財産などのプラス財産もありますが、相続税がかからない非課税財産、被相続人の債務である債務控除、葬式費用を引くことができます。

相続財産とみなし相続財産って何が違うの？

本来の相続財産は現金や不動産などの亡くなった人が所有していた財産、みなし相続財産は死亡保険金、死亡退職金など、亡くなった人が所有していた財産ではないものの、相続財産と同じような効果がある財産を言います。

相続を放棄した人は、
本来の相続財産はもらえないけど、
みなし相続財産はもらえます。
放棄すると何ももらえないと
勘違いしがちだから気をつけて！

第２段階

相続税の総額を求めます。課税価格が基礎控除よりも少ない場合は相続税はかかりませんが、課税価格が基礎控除よりも多い場合は、相続税の総額を求めます。

基礎控除ってどのくらい？

3,000万円＋600万円×法定相続人の数。特例を使わずに課税価格がこの金額以内であれば相続税の申告も不要です。

申告不要！ 楽チンだね。

第３段階

相続税の総額を財産をもらった割合で割り振ってから、個々人の事情によって、相続税を調整します。1.2倍になる２割加算や、課税価格で法定相続分または１億6,000万円の多い方まで相続税がかからない配偶者の税額軽減などがあります。

相続税の課税価格の計算

相続税の課税価格の計算では、非課税財産や債務控除等、引くことができるものもあります。

非課税財産

夫が亡くなったんだけど、死亡保険金を受け取れるみたいなの。

保険入ってたなんて知らなかったわ…

死亡保険金は500万円×法定相続人の数が非課税になりますよ。

非課税財産には**墓地、仏壇等の宗教財産のほか、死亡保険金、死亡退職金**などがあります。

相続人が受け取った相続税の対象となる死亡保険金、死亡退職金は、それぞれ**500万円×法定相続人の数**が非課税となります。

ただし、普通養子や放棄者には注意が必要だよ。

相続人以外や相続放棄者がもらうと非課税なし、だしね

債務控除

死亡した人の**通夜、本葬費用**や、**死亡時に確定している債務**（借入金、医療費、税金）などは、マイナス財産として、相続税の課税価格の計算上、引くことができます。

でも、例えば、以下はマイナス財産として引くことはできないよ。

- ☑ 初七日とか四十九日の**法要の費用**
- ☑ **香典返戻費用**
- ☑ 墓地、仏壇等の**未払い費用**

など。

いただくお香典も通常、贈与税非課税だからね！

EXERCISE

このポイントを覚えよう！

民法上の相続人・法定相続分と相続税計算上の法定相続人・法定相続分

	相続放棄	普通養子
民法上	除く	全員が相続人
相続税計算上※	含む（放棄がなかったものとする）	実子あり……1人まで 実子なし……2人まで

※死亡保険金、死亡退職金の非課税、基礎控除、相続税の総額、配偶者の税額軽減等

債務控除

控除できる	本葬・通夜費用で通常必要なもの 被相続人の借入債務、確定している未払金（税金、医療費）
控除できない	墓地等の未払金、団信付ローン 香典返戻費用、法会費用、遺言執行費用、不動産鑑定費用

過去問 | ○×選択 | （23年5月）

相続人が負担した被相続人に係る香典返戻費用は、相続税の課税価格の計算上、葬式費用として控除することができる。

いただくお香典も通常、贈与税非課税なので、返戻費用も債務控除できません。

答 ×

過去問 | 3択 | （23年1月）

相続税額の計算上、死亡保険金の非課税金額の規定による非課税限度額は、「(　　) × 法定相続人の数」の算式により算出される。

1） 300万円
2） 500万円
3） 600万円

相続税の対象となる死亡保険金、死亡退職金を相続人が受け取る場合、500万円×法定相続人の数の金額が非課税となります。

答 2

LESSON 84 相続税の計算って？

課税価格が基礎控除の範囲内に納まれば、相続税はかかりません。
基礎控除を超える場合、基礎控除を差し引いた金額（課税遺産総額）を法定相続人が法定相続分どおりに財産を取得したものとした金額を基に相続税の総額を計算します。

相続税の基礎控除ってどのくらい？

3,000万円＋600万円×法定相続人の数で求めます。

法定相続人が1人の場合	法定相続人が2人の場合	法定相続人が3人の場合
3,600万円	4,200万円	4,800万円

法定相続人1人につき600万円ずつ、
基礎控除が広がるのはありがたいね！

ココに注意！

例えばこんな感じだよ。

基礎控除を超える場合、どうやって計算するの？

例 課税遺産総額が1億円、配偶者と子2人が法定相続人の場合

①課税遺産総額×法定相続分を求める（配偶者5,000万円、子1人2,500万円）
②相続税率をかける　配偶者　5,000万円×20％－200万円＝800万円
　　　　　　　　　　子1人分　2,500万円×15％－50万円＝325万円
③合計する　800万円＋325万円×2人＝1,450万円

相続税の税率表（抜粋）　相続税＝A×B－C

法定相続分に応ずる取得金額 A	税率 B	控除額 C
1,000万円以下	10％	－
1,000万円超　3,000万円以下	15％	50万円
3,000万円超　5,000万円以下	20％	200万円
5,000万円超　1億円以下	30％	700万円

EXERCISE

このポイントを覚えよう!

相続税の基礎控除や非課税財産

遺産に係る基礎控除	3,000万円+600万円×法定相続人の数
生命保険金、死亡退職金の非課税	相続人が受け取る場合、500万円×法定相続人の数

過去問 | 3択 | (23年9月)

下記の<親族関係図>において、Aさんの相続における相続税額の計算上、遺産に係る基礎控除額は、(　　)である。

<親族関係図>

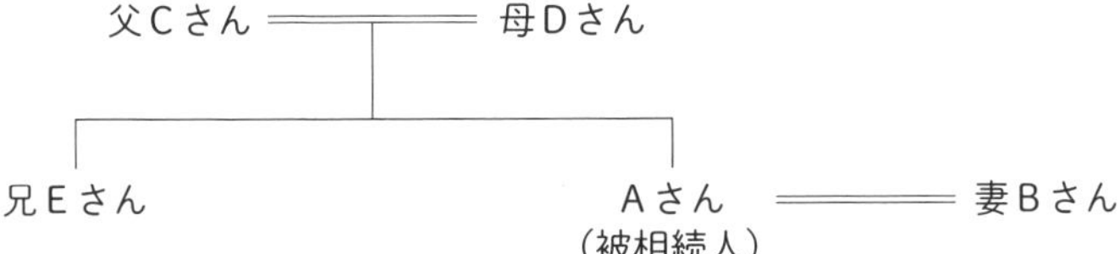

1) 4,500万円
2) 4,800万円
3) 5,400万円

法定相続人は、妻Bさんと、父Cさん、母Dさんの3人なので、3,000万円+600万円×3人=4,800万円となります。

答 2

過去問 | ○×選択 | (22年9月)

相続税額の計算において、遺産に係る基礎控除額を計算する際の法定相続人の数は、相続人のうちに相続の放棄をした者がいる場合であっても、その放棄がなかったものとしたときの相続人の数とされる。

生命保険金、死亡退職金の非課税や相続税の基礎控除の計算は、相続の放棄があってもなかったものとして計算されます。

LESSON 85 相続税の納付税額の計算

相続税の総額を、財産取得割合に応じて、財産を取得した人に割り振って計算した後、相続税が1.2倍に増える人（２割加算）、減る人（配偶者の税額軽減など）など、調整をして納付税額を求めます。

相続税が1.2倍に増える人は？

配偶者、父母、子、代襲相続人である孫以外の人。
具体的には、**兄弟姉妹、祖父母、代襲相続人でない孫（孫養子を含む）**、第三者などは２割加算になります。

2割加算対象外（増えない）	2割加算（増える）
配偶者、父母、子、代襲相続人である孫 	代襲相続人でない孫（孫養子含む）、祖父母、兄弟姉妹 

配偶者の相続税は？

配偶者は、課税価格で**法定相続分または１億6,000万円のいずれか多い**金額まで取得しても相続税はかかりません。

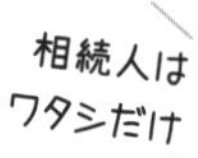

相続人はワタシだけ

妻が亡くなって1億円相続したよ。

奥さん亡くなって寂しいですね…
相続人がご主人だけなら相続税は1円もかかりませんね。

相続発生時に法律上の配偶者であれば、**婚姻期間を問わず、相続放棄しても適用されます**。

申告忘れないでね
ただし、この制度を使うためには相続税の申告が必要！

EXERCISE

このポイントを覚えよう！

2割加算

対象外	配偶者、子、父母、代襲相続人である孫
対象	兄弟姉妹、祖父母、代襲相続人でない孫（孫養子含む）等

配偶者の税額軽減

婚姻期間	問わない
軽減	法定相続分または1億6,000万円のいずれか多い方まで財産を取得しても相続税はかからない（申告は必要）

過去問 | 3択 | （23年5月）

被相続人の（　　）が相続により財産を取得した場合、その者は相続税額の2割加算の対象となる。

1）兄弟姉妹
2）父母
3）孫（子の代襲相続人）

兄弟姉妹は2割加算の対象となります。代襲相続人である孫は2割加算になりません。

答　1

過去問 | ○×選択 | （23年5月）

「配偶者に対する相続税額の軽減」の適用を受けることができる配偶者は、被相続人と法律上の婚姻の届出をした者に限られ、いわゆる内縁関係にある者は該当しない。

法律婚であれば、婚姻期間を問いません。

答　○

贈与契約の種類とは?

贈与とは、**あげる側ともらう側の意思表示を前提に成立**します。
色々な贈与の種類があります。

死んだらあげるという点が
相続と似ているので
相続税の対象なのね

色々な贈与の例

長生きするから
待っててね
死んだら
あげるよ。

死亡後に贈与する契約を死因贈与といいます。「贈与」契約の1つで、相続税の対象となります。

定期贈与といわれる贈与です。一方が亡くなったらそこで終わり、となります。

死因贈与 (死んだらあげる)	遺言による遺贈	定期贈与
双方の意思表示 相続税 の対象	一方的な意思表示 相続税 の対象	双方の意思表示 贈与税 の対象

ココに注意!

あげたものはどうなるの?

原則、贈与したものは戻ってきません。ただし口約束の場合、贈与前なら大丈夫です。

EXERCISE

このポイントを覚えよう！

贈与契約

成立要件	贈与者、受贈者の双方の意思表示
定期贈与	贈与者、受贈者のいずれかが死亡すると終了
書面によらない贈与	履行前であれば解除できる
書面による贈与	原則、解除できない
死因贈与、遺贈	相続税の対象。受贈者が先に死亡した場合、無効

過去問 | ○×選択 | （22年1月）

贈与は、当事者の一方が財産を無償で相手方に与える意思表示をすれば、相手方が受諾しなくても、その効力が生じる。

双方の意思表示が必要です。

過去問 | ○×選択 | （23年9月）

個人が死因贈与により取得した財産は、課税の対象とならないものを除き、贈与税の課税対象となる。

相続税の課税対象です。

過去問 | ○×選択 | （23年1月）

定期贈与とは、贈与者が受贈者に対して定期的に財産を給付することを目的とする贈与をいい、贈与者または受贈者の死亡によって、その効力を失う。

一方が死亡したら、終了します。

過去問 | ○×選択 | （23年5月）

書面によらない贈与契約は、その履行前であれば、各当事者は契約の解除をすることができる。

口約束であれば、履行前であれば解除できます。

LESSON 87 贈与税の課税財産、非課税財産

贈与税は相続税の補完税なので、個人が個人から贈与で取得した財産に課税されます。

相続税は、個人が死亡し、個人である相続人が取得したときにかかるから同じね。

法人から個人への贈与

個人が法人から贈与を受けた財産は、贈与税は課税されませんが、**所得税**が課税されます（給与所得、一時所得）。

個人（死亡）➡個人	個人（生存）➡個人	法人➡個人
相続税	贈与税	所得税

ココに注意！

直系尊属からの贈与には大きな非課税制度がある

父母、祖父母が子や孫の、結婚・子育て、教育資金、マイホーム購入を応援するための贈与は一定要件を満たせば、贈与税非課税となります。

住宅取得資金は省エネ住宅では1,000万円、その他住宅は500万円、教育資金の一括贈与は1,500万円、結婚・子育て資金の一括贈与は1,000万円まで非課税です。

マイホーム   最高1,000万円まで、贈与税非課税

教育資金  最高1,500万円まで、贈与税非課税

結婚・子育て  最高1,000万円まで、贈与税非課税

一定要件を満たすことが前提だよ

EXERCISE

このポイントを覚えよう！

直系尊属から贈与を受けた場合の非課税制度

	期限	受贈者所得要件	非課税限度額
教育資金一括贈与	2026年3月	前年1,000万円以下	1,500万円 うち学校等以外は500万円まで
結婚・子育て資金一括贈与	2025年3月		1,000万円 うち結婚資金は300万円まで
住宅取得等資金	2026年12月	原則、その年2,000万円以下	省エネ住宅1,000万円 その他住宅500万円

過去問 | ○×選択 | （23年5月）

個人が法人からの贈与により取得した財産は、贈与税の課税対象とならない。

所得税の対象です。

答 ○

過去問 | 3択 | （23年9月）

「直系尊属から教育資金の一括贈与を受けた場合の贈与税の非課税」の適用を受けた場合、受贈者１人につき（ ① ）までは贈与税が非課税となるが、学校等以外の者に対して直接支払われる金銭については、(②) が限度となる。

1） ① 1,000万円　② 500万円
2） ① 1,500万円　② 300万円
3） ① 1,500万円　② 500万円

教育資金は1,500万円、うち学校等以外は500万円まで非課税です。

答 3

過去問 | ○×選択 | （23年9月）

「直系尊属から住宅取得等資金の贈与を受けた場合の贈与税の非課税」は、受贈者の贈与を受けた年の年分の所得税に係る合計所得金額が2,000万円を超える場合、適用を受けることができない。

原則、合計所得金額2,000万円以下であることが要件です。

答 ○

贈与税の暦年課税制度とは？

１月から12月までの１年間を計算期間とする暦年課税制度では、**受贈者は年間110万円（基礎控除）**までの贈与であれば、贈与税がかかりません。

受贈者の基礎控除

もらった側で年間110万円までは税金がかかりませんが、110万円を超える部分は贈与税が課税されます。

原則、成年者（1月1日時点）が父母、祖父母から贈与を受ける場合と、その他の場合で税率が違うよ。

110万円以内	110万円超	
贈与税ゼロ	夫婦間、兄弟間	父母、祖父母から
	贈与税は高め 一般贈与	贈与税は安め 特例贈与

贈与税を計算してみよう！

贈与税率（抜粋）　　税額＝A×B－C

ヨコ・ナナメの関係！

原則、タテの関係！

控除後の課税価格 A	一般贈与		特例贈与	
	税率 B	控除額 C	税率 B	控除額 C
200万円以下	10%	―	10%	―
200万円超　300万円以下	15%	10万円	15%	10万円
300万円超　400万円以下	20%	25万円		
400万円超　600万円以下	30%	65万円	20%	30万円

「控除後の課税価格」の欄は、110万円引いてから見てね

例 成年者が500万円の贈与を受けたら？

・控除後の課税価格は500万円－110万円＝390万円
⇨ 親からであれば通常特例贈与：税額＝390万円×15％－10万円＝48.5万円
⇨ 夫婦間であれば一般贈与　　：税額＝390万円×20％－25万円＝53万円

通常は夫婦間の贈与の方が税金が多いけど、婚姻期間20年以上の夫婦間でマイホーム（の購入資金）を贈与する場合は、基礎控除とは別に2,000万円の配偶者控除を使えるんだ。

EXERCISE

このポイントを覚えよう！

贈与税の配偶者控除

婚姻期間	20年以上
適用	同じ配偶者間で一生に１回
控除額	基礎控除とは別に最高2,000万円（合計2,110万円）
生前贈与加算	対象外（2,000万円を限度）
贈与税の申告	必要

過去問 ｜〇×選択｜（21年5月）

子が同一年中に父と母のそれぞれから贈与を受けた場合、その年分の暦年課税による贈与税額の計算上、課税価格から控除する基礎控除額は、最高で220万円である。

贈与税の暦年課税の基礎控除は、受贈者側で年間110万円です。

過去問 ｜３択｜（21年5月）

贈与税の配偶者控除は、婚姻期間が（①）以上である配偶者から居住用不動産の贈与または居住用不動産を取得するための金銭の贈与を受け、所定の要件を満たす場合、贈与税の課税価格から基礎控除額のほかに最高（②）を控除することができる特例である。

1）①10年　②2,500万円
2）①20年　②2,500万円
3）①20年　②2,000万円

婚姻期間20年以上の場合、居住用財産関係の贈与では、基礎控除とは別に2,000万円を控除できます。

3

相続時精算課税とは?

贈与税には暦年課税制度のほか、一生涯を通じて計算する相続時精算課税制度があります。贈与した人が死亡したとき、贈与財産を相続財産に加算して計算するので、相続時精算課税制度(相続時に精算する課税制度)といいます。

どんな人が使えるの?

原則、60歳以上の父母、祖父母から18歳以上の子や孫が贈与を受ける際、年間110万円の控除のほか、特定贈与者ごとに累計2,500万円まで税金がかからない特別控除を使えます。

110万円の控除は暦年課税とは別枠で使うことができるよ。ただし、相続時精算課税制度を使う人からの贈与は、今後一生、暦年課税は使えないよ。特別控除を超える部分は、一律20%で計算するんだ。

相続時に精算するので、
贈与時はざっくり計算するのね

年間110万円+累計2,500万円 ➡ 税金はかからない
超える部分 ➡ 20%の贈与税

贈与者が死亡したら?

贈与者が死亡したとき、相続時精算課税制度で贈与を受けた財産は、原則贈与時の価額で加算されます。原則全部加算されますが、2024年以降の贈与は年間110万円までは加算されないことになりました。

暦年課税の生前贈与は、
相続開始前3年以内などの
期限がある点とちょっと違うんだよね。

相続時精算課税の
生前贈与は、贈与
時期を問わず加算だよ。

EXERCISE

このポイントを覚えよう!

相続時精算課税制度

贈与者	原則、60歳以上(1月1日時点)の父母・祖父母
受贈者	原則、18歳以上(1月1日時点)の子・孫 相続時精算課税を適用すると、取消しできない (他の者からの贈与は暦年課税制度を利用できる)
特別控除額	2,500万円
贈与税額	(課税価格－受贈者ごと年間110万円－特別控除2,500万円の残額)×20% ※贈与を受けた金額が年間110万円以下の場合、贈与税の申告は不要
相続税の課税価格への加算	原則、贈与時の価額 ※2024年以降は年間110万円以下の部分を除く

生前贈与財産の相続財産への加算対象

暦年課税(現在)	相続・遺贈により財産を取得しており、相続開始前3年以内のもの	原則、贈与時の価額
相続時精算課税制度	相続、遺贈による取得の有無や時期を問わない 2024年以降、年間110万円以内であれば加算されない	

※住宅取得等資金の非課税制度、贈与税の配偶者控除の部分は加算されない

過去問 | 3択 | (22年9月)

相続時精算課税の適用を受けた場合、受贈者ごとに年間110万円のほか、特定贈与者ごとに特別控除額として累計(①)までの贈与には贈与税が課されず、その額を超えた部分については一律(②)の税率により贈与税が課される。

1) ① 2,000万円　② 25%
2) ① 2,000万円　② 20%
3) ① 2,500万円　② 20%

相続時精算課税制度の特別控除は2,500万円、特別控除を超える部分は一律20%で課税されます。

答 3

相続税・贈与税を申告しよう

相続税は、原則相続の開始があったこと知った日の翌日から**10カ月**以内、贈与税は、贈与があった年の**翌年２月１日から３月15日まで**に行います。

相続税・贈与税と所得税の期限を整理！

紛らわしいからね

所得税と相続税。贈与税と所得税。
それぞれ期限を整理するよ！

所得税と相続税　相続開始後の申告期限

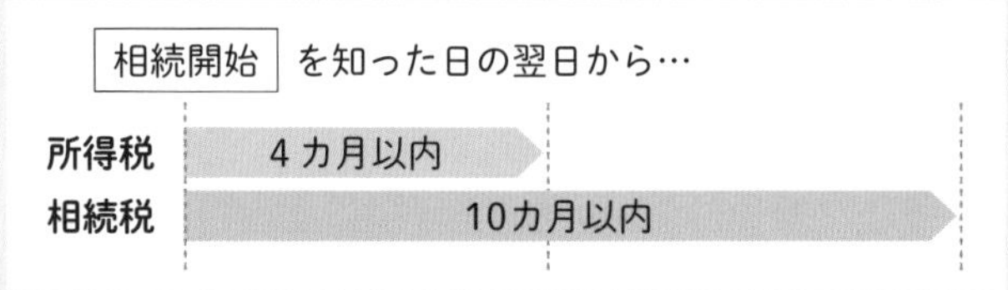

相続開始 を知った日の翌日から…

所得税	４カ月以内
相続税	10カ月以内

所得税は4カ月！
相続税は10カ月！

贈与税と所得税　申告期限

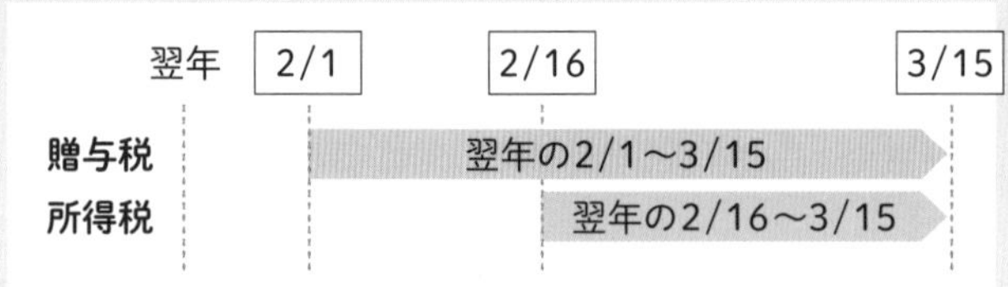

翌年　2/1　2/16　3/15

贈与税	翌年の2/1～3/15
所得税	翌年の2/16～3/15

贈与税は
翌年2/1～3/15！
所得税は
翌年2/16～3/15！

相続税、贈与税は分割支払いが可能

相続税は原則一括納付が原則ですが、**無理なら分割払（延納）、それも無理なら物納もできます**。一方、**贈与税は延納はできますが、物納はできません**。

EXERCISE

このポイントを覚えよう！

相続開始後の申告期限

所得税準確定申告	相続開始を知った日の翌日から4カ月以内
相続税の申告	相続開始を知った日の翌日から10カ月以内

申告期限

贈与税	翌年2月1日から3月15日まで
所得税	翌年2月16日から3月15日まで

相続税と贈与税の申告・納税

	申告先（原則）	延納	物納
相続税	被相続人の住所地	できる	できる
贈与税	受贈者の住所地	できる	できない

過去問 | 3択 | （22年1月）

贈与税の申告書は、原則として、贈与を受けた年の翌年の（①）から3月15日までの間に、（②）の住所地を所轄する税務署長に提出しなければならない。

1） ① 2月1日　② 受贈者
2） ① 2月16日　② 贈与者
3） ① 2月16日　② 受贈者

贈与税は翌年2月1日から3月15日までに受贈者の住所地で申告します。

答 1

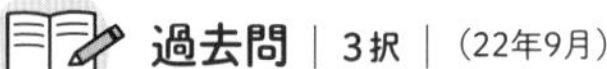

過去問 | 3択 | （22年9月）

相続税の申告書の提出は、原則として、その相続の開始があったことを知った日の翌日から（　　）以内にしなければならない。

1） 4カ月
2） 6カ月
3） 10カ月

相続税は10カ月以内です。

答 3

宅地の評価方法とは?

市街地の土地は**路線価方式**、その他は固定資産税評価額を用いた倍率方式で評価します。

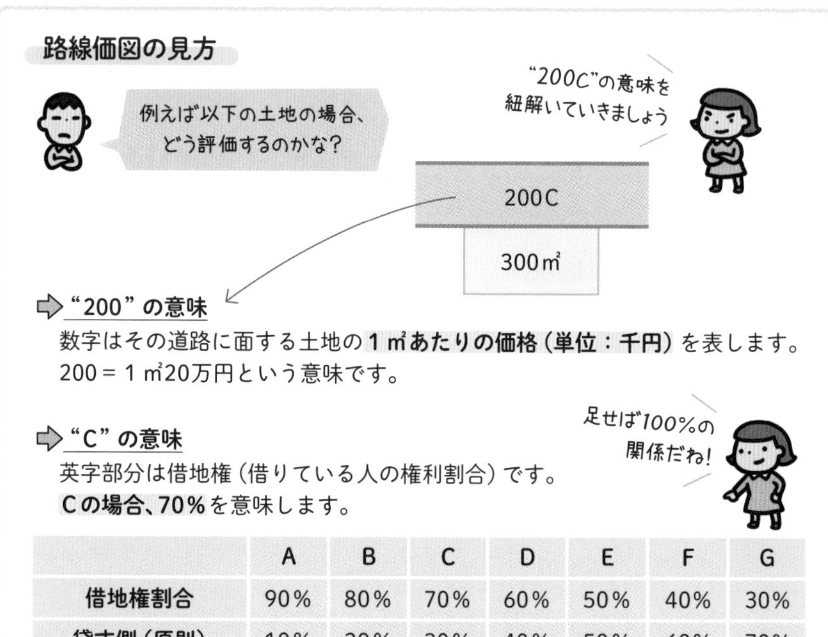

例えば以下の土地の場合、
どう評価するのかな?
"200C"の意味を
紐解いていきましょう
200C
300㎡
足せば100%の
関係だね!

路線価図の見方

"200" の意味

数字はその道路に面する土地の**1㎡あたりの価格(単位:千円)**を表します。
200=1㎡20万円という意味です。

"C" の意味

英字部分は借地権(借りている人の権利割合)です。
Cの場合、70%を意味します。

	A	B	C	D	E	F	G
借地権割合	90%	80%	70%	60%	50%	40%	30%
貸す側(原則)	10%	20%	30%	40%	50%	60%	70%

路線価方式の宅地　評価の求め方

路線価方式の宅地は、原則、**路線価×各種補正率×面積**で求めます。ただし、権利状態に応じて評価額が調整されます。基本的には**自由度が高いと評価が高く、自由度が低いと安くなります**。

自用地
自宅敷地・青空駐車場

他人の権利との絡みがない分、自由度が高いので高め!

貸宅地
借地権がある宅地

借地人の権利が強いため、所有者の評価はかなり安め!

貸家建付地
アパートの敷地

建物賃借人の権利が発生するので、少し安め!

借地権がある
貸宅地は
建物を建てて
それを貸す場合の
貸家建付地より
安いのね

EXERCISE

このポイントを覚えよう！

宅地の評価額（路線価方式、原則）

自用地	自宅敷地、青空駐車場	路線価×各種補正率×面積
普通借地権	土地を 借りる側	自用地評価額×借地権割合
貸宅地	土地を 貸す側	自用地評価額×（1－借地権割合）
貸家建付地	アパート、貸しビル敷地	自用地評価額×（1－借地権割合×借家権割合×賃貸割合）

過去問 | 3択 | （21年5月）

国税庁が公表している路線価図において、路線に「300Ｃ」と付されている場合、「Ｃ」の記号は、借地権割合が（　　）であることを示している。

1）　60％
2）　70％
3）　80％

Ｃは借地権割合70％です。

答　2

過去問 | ○×選択 | （22年5月）

個人が、自己が所有する土地に賃貸マンションを建築して賃貸の用に供した場合、相続税額の計算上、当該敷地は貸宅地として評価される。

アパートの敷地は貸家建付地です。

答

過去問 | 3択 | （23年9月）

貸家建付地の相続税評価額は、（　　）の算式により算出される。

1）　自用地としての価額×（1－借地権割合）
2）　自用地としての価額×（1－借家権割合×賃貸割合）
3）　自用地としての価額×（1－借地権割合×借家権割合×賃貸割合）

1）は貸宅地、3）は貸家建付地です。

答　3

小規模宅地等の特例とは?

小規模宅地等の特例を使うことで、評価額を低減できます。被相続人が所有する事業用、居住用の敷地等を、被相続人が死亡して、死亡した人が持つ宅地等を親族が相続や遺贈で取得した場合、条件を満たせば、評価額が80%または50%安くなります。

評価額はどのくらい安くなるの?

条件を満たす前提で、**自宅の敷地は330㎡、店舗・事務所の敷地は400㎡まで80%の減額、アパート・貸しビルの敷地は200㎡まで50%の減額**となります。

特定居住用	特定事業用 	貸付事業用 
330㎡まで80%	400㎡まで80%	200㎡まで50%

ココに注意!

特定居住用宅地等の要件の例

配偶者が取得する場合  相続後、売っても、貸してもOK!

同居親族が取得する場合 ➡ 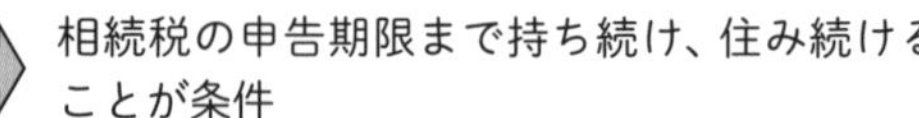 相続税の申告期限まで持ち続け、住み続けることが条件

EXERCISE

このポイントを覚えよう！

小規模宅地等の課税価格の計算の特例の限度面積、減額割合

	限度面積	減額割合
特定事業用宅地等	400㎡	80%
特定居住用宅地等	330㎡	80%
貸付事業用宅地等	200㎡	50%

過去問 | ○×選択 | （23年9月）

相続人が相続により取得した宅地が「小規模宅地等についての相続税の課税価格の計算の特例」における特定居住用宅地等に該当する場合、その宅地のうち330㎡までを限度面積として、評価額の80%相当額を減額した金額を、相続税の課税価格に算入すべき価額とすることができる。

特定居住用宅地等なので、330㎡まで80%の減額となります。

過去問 | 3択 | （23年5月）

相続人が相続により取得した宅地が「小規模宅地等についての相続税の課税価格の計算の特例」における特定事業用宅地等に該当する場合、その宅地のうち（ ① ）までを限度面積として、評価額の（ ② ）相当額を減額した金額を、相続税の課税価格に算入すべき価額とすることができる。

1） ① 200㎡　② 50%
2） ① 330㎡　② 80%
3） ① 400㎡　② 80%

特定事業用宅地等なので、400㎡まで80%の減額となります。

3

LESSON 93 宅地以外の財産評価の方法

建物も宅地と同様、自分で使用する建物よりも貸しているほうが、自由が低いので安く評価されます。

評価って具体的にはどうするの？

自宅建物は固定資産税評価額で評価します。
アパート等の貸家は「借家権割合（30％）×賃貸割合」の分、評価額が安くなります。

家賃も入ってくるし、
相続税も安くなるし、
羨ましいね。

上場株式の評価はどうするの？

現金や普通預金は額面で評価されますが、上場株式は価格変動が考慮されます。

4月X日に死んだ人の上場株式 ⇨ 以下4つのうち、一番安い価格で評価されます。

4月X日	4月終値平均	3月終値平均	2月終値平均

なお、非上場株式は流動性がない分、経営権が強い同族株主等のほうが高く、経営権が弱い同族株主等以外の評価額は安くなります。

建物の評価

自用建物	固定資産税評価額
貸家	固定資産税評価額×（1－借家権割合×賃貸割合）

非上場株式

同族株主等	類似業種比準価額：類似業種の株価、配当、利益、簿価純資産をもとに評価 純資産価額：相続税評価額による時価純資産をもとに評価 上記の併用方式
同族株主等以外	配当還元価額

EXERCISE

過去問 | 3択 | (20年9月)

賃貸アパート等の貸家の用に供されている家屋の相続税評価額は、(　　)の算式により算出される。

1) 自用家屋としての評価額×(1－借家権割合×賃貸割合)
2) 自用家屋としての評価額×(1－借地権割合×賃貸割合)
3) 自用家屋としての評価額×(1－借地権割合×借家権割合×賃貸割合)

貸家は、借家権割合×賃貸割合の分だけ、安くなります。

答　1

過去問 | ○×選択 | (20年1月)

取引相場のない株式の相続税評価において、純資産価額方式とは、評価会社の株式の価額を、評価会社と事業内容が類似した上場会社の株価および配当金額、利益金額、純資産価額を基にして算出する方式である。

この問題文は類似業種比準価額の説明です。

答

×

過去問 | 3択 | (22年9月)

20XX年9月7日(X曜日)に死亡したAさんが所有していた上場株式Xを相続により取得した場合の1株当たりの相続税評価額は、下記の<資料>によれば、(　　)である。

<資料>上場株式Xの価格

20XX年7月の毎日の最終価格の月平均額	1,180円
20XX年8月の毎日の最終価格の月平均額	1,200円
20XX年9月の毎日の最終価格の月平均額	1,200円
20XX年9月7日(X曜日)の最終価格	1,190円

1) 1,180円
2) 1,190円
3) 1,200円

4つのうち一番低い価格で評価されます。

答　1

さくいん

き

く

け

こ

さ

し

せ

な

に

ね

の

ば

ひ

ふ

へ

FP３級をひとつひとつわかりやすく。《教科書》

【著者】

益山 真一

FP歴27年目、１級FP技能士、CFP認定者。FP会社勤務の後、2001年よりフリーのFPとして活動を開始。
人生を楽しむお金を生み出すことを目的とした執筆、講演・研修、レッスン活動を展開。
主なテーマは「資産形成・老後資金準備と家計管理」。
セミナー・研修・講義は2024年4月時点で3476回、オンラインセミナー・収録・研修が287回。

日本FP協会公式チャンネル
（FP実務紹介）

【執筆】
益山 真一

【編集】
紫谷堂文庫

【シリーズキャラクターイラスト】
坂木 浩子

【ブックデザイン】
山口 秀昭（Studio Flavor），　伊志嶺 貴子

【企画・編集】
八巻 明日香

【編集協力】
山本 のりこ

本書に掲載している問題は、日本FP協会が公開している情報を元に作成しています。
日本FP協会３級ファイナンシャル・プランニング技能検定
学科及び実技試験（資産設計提案業務）2019年９月～2024年１月

24-③

FP3級

実技試験 計算問題

ワンポイント解説集

POINT

資産＝負債＋純資産は定番の公式。ここでは純資産を求める問題なので、
資産－負債＝純資産　で計算します。

過去問（23年9月）

［資料1：保有財産（時価）］　（単位：万円）

金融資産	
普通預金	230
定期預金	200
投資信託	180
財形年金貯蓄	150
上場株式	270
生命保険（解約返戻金相当額）	35
不動産（自宅マンション）	3,200

［資料2：負債残高］
住宅ローン（自宅マンション）：2,800万円（債務者は貴博さん、団体信用生命保険付き）

FPの浅見さんは、安藤家のバランスシートを作成した。下表の空欄（ア）にあてはまる金額として、正しいものはどれか。なお、<設例>に記載のあるデータに基づいて解答するものとする。

<安藤家のバランスシート>　（単位：万円）

［資産］	×××	［負債］	×××
		負債合計	×××
		［純資産］	（ ア ）
資産合計	×××	負債・純資産合計	×××

1.　1,195（万円）
2.　1,430（万円）
3.　1,465（万円）

解答・解説

資産＝230＋200＋180＋150＋270＋35＋3,200＝4,265
負債＝2,800
純資産＝4,265－2,800＝1,465

よって… 答 3

以下を参考に過去問❶〜❸に挑戦してください。

POINT

係数を使った計算では２つの解法があります。

【覚える方法】　①現在 → 将来　「し」がつく係数　　将来 → 現在　「げ」がつく係数
②将来の一時金を求めるのが（○○）終価係数
現在の一時金を求めるのが（○○）現価係数
③コツコツ貯める場合の将来一時金、
コツコツ取り崩す場合の現在の一時金を求める場合が年金○○係数
この３つから考えると、絶対に使う係数が分かります

【覚えない方法】　分かっている金額を「１」と考えて、求めたい金額の割合を考える

過去問❶（23年5月）

恭平さんと亜美さんは、今後10年間で**毎年24万円ずつ積立貯蓄**をして、潤さんの教育資金を準備したいと考えている。積立期間中に年利1.0％で複利運用できるものとした場合、**10年後の積立金額**として、正しいものはどれか。なお、下記＜資料＞の３つの係数の中から最も適切な係数を選択して計算し、解答に当たっては万円未満を切り捨てること。また、税金や記載のない事項については一切考慮しないこととする。

＜資料：係数早見表（年利1.0％）＞

	終価係数	年金現価係数	年金終価係数
10年	1.105	9.471	10.462

＊記載されている数値は正しいものとする。

1．　265万円
2．　251万円
3．　227万円

解答・解説

覚える方法　：積み立てるのでコツコツ（年金）、10年後の一時金を求めるので「終価」、なので年金終価係数を使います。
覚えない方法：24万円を「１」とすると、10年後の元本は10、利息が付くので、10＋α

24万円×10.462＝251万円

よって…　答　2

過去問❷ （22年5月）

明さんと加奈さんは、今後10年間で積立貯蓄をして、長男の直人さんの教育資金として250万円を準備したいと考えている。積立期間中に年利1.0％で複利運用できるものとした場合、250万円を準備するために必要な毎年の積立金額として、正しいものはどれか。なお、下記＜資料＞の３つの係数の中から最も適切な係数を選択して計算し、解答に当たっては千円未満を切り上げること。また、税金や記載のない事項については一切考慮しないこととする。

＜資料：係数早見表（年利1.0％）＞

	現価係数	資本回収係数	減債基金係数
10年	0.9053	0.10558	0.09558

＊記載されている数値は正しいものとする。

1．　227,000円
2．　239,000円
3．　264,000円

解答・解説

覚える方法　：将来から遡るから「げ」がつく係数、求めるのは一時金ではないから、現価係数ではないので、消去法で「減債基金係数」を使うと分かります。

覚えない方法：250万円を「１」とすると、10年間の積立額は利息がゼロなら１÷10＝0.1、利息が助けてくれるので0.1－α

250万円×0.09558≒239,000円

よって…

係数の計算問題を解法１で解くなら、問題文をよく読み、求められているものは何かをまず確認し、そこから使うべき係数を確定させます。
上記の問題では「将来から遡るパターン」で、毎年積み立てるものだから減債基金係数であることがわかりますね。

過去問❸（22年1月）

航平さんは、60歳で定年を迎えた後、公的年金の支給が始まる65歳までの５年間の生活資金に退職一時金の一部を充てようと考えている。仮に退職一時金のうち**500万円**を年利2.0％で複利運用しながら**５年間で均等に取り崩す**こととした場合、年間で取り**崩すことができる最大金額**として、正しいものはどれか。なお、下記＜資料＞の３つの係数の中から最も適切な係数を選択して計算し、円単位で解答すること。また、税金や記載のない事項については一切考慮しないこととする。

＜資料：係数早見表（年利2.0％）＞

	終価係数	**資本回収係数**	減債基金係数
５年	1.104	**0.21216**	0.19216

＊記載されている数値は正しいものとする。

1．　960,800円
2．1,060,800円
3．1,104,000円

解答・解説

覚える方法　：将来の取り崩し額を求めるので「し」がつく係数、求めるのは**一時金ではない**から、**終価係数ではない**ので、消去法で「資本回収係数」を使うことがわかります。

覚えない方法：500万円を「１」とすると、５年間の取り崩し額は**利息がゼロなら**１÷５＝0.2、**利息がつくので**0.2＋α

500万円×0.21216≒1,060,800円

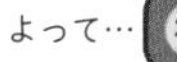

解法２で解く場合は、問題文の中から「わかっている数字」をまずは抽出しよう。
ここでは「500万円」「５年」。
あとは計算式に当てはめるだけです！

POINT

Step 1 ：本来の自己負担額を求める（70歳未満の被保険者は3割）
Step 2 ：自己負担限度額を求める（80,100円＋（医療費－267,000円×1％）
Step 3 ：ステップ1 －ステップ2で高額療養費の支給額を求める

過去問（23年5月）

恭平さんは、会社の定期健康診断で異常を指摘され、本年X月に3週間ほど入院をして治療を受けた。その際病院への支払いが高額であったため、恭平さんは健康保険の高額療養費制度によって払い戻しを受けたいと考え、FPの青山さんに相談をした。恭平さんの本年X月の保険診療に係る総医療費が80万円であった場合、高額療養費制度により払い戻しを受けることができる金額として、正しいものはどれか。なお、恭平さんは全国健康保険協会管掌健康保険（協会けんぽ）の被保険者で、標準報酬月額は「38万円」である。また、恭平さんは限度額適用認定証を病院に提出していないものとする。

<70歳未満の者：医療費の自己負担限度 額（1ヵ月当たり）>

標準報酬月額	医療費の自己負担限度額
83万円以上	252,600円＋（総医療費-842,000円）×1％
53万～79万円	167,400円＋（総医療費-558,000円）×1％
28万～50万円	80,100円＋（総医療費-267,000円）×1％
26万円以下	57,600円
市町村民税非課税者等	35,400円

※高額療養費の多数該当および世帯合算については考慮しないものとする。

1. 85,430円
2. 154,570円
3. 714,570円

1カ月間の医療費の自己負担額が所得等に応じた限度額を超える場合、超える部分が支給されるよ

解答・解説

Step 1 ：80万円×3割＝24万円
Step 2 ：80,100円＋（800,000円－267,000円）×1％＝85,430円
Step 3 ：240,000円－85,430円＝154,570円

よって…  2

自己負担限度額を求める問題なら1が正解だよ

POINT

特定疾病保障保険は死亡事由を問わず、死亡保険金が支給されます。その一方で、傷害特約、災害割増特約は事故で死亡すると支給されますが、病気で死亡しても支給されません。

過去問（23年9月）

飯田雅彦さんが加入している定期保険特約付終身保険（下記＜資料＞参照）の保障内容に関する次の記述の空欄（ア）にあてはまる金額として、正しいものはどれか。なお、保険契約は有効に継続しており、特約は自動更新されているものとする。また、雅彦さんはこれまでに＜資料＞の保険から保険金および給付金を一度も受け取っていないものとする。

＜資料＞

定期保険特約付終身保険　　保険証券記号番号○○△△××□□

保険契約者	飯田　雅彦　様	保険契約者印
被保険者	飯田　雅彦　様 契約年齢30歳 1976年8月10日生まれ　男性	
受取人	（死亡保険金） 飯田　光子　様（妻）	

◇契約日（保険期間の始期）
2006年10月1日
◇主契約の保険期間
終身
◇主契約の保険料払込期間
60歳払込満了

◆ご契約内容

終身保険金額（主契約保険金額）	500万円
定期保険特約保険金額	3,000万円
特定疾病保障定期保険特約保険金額	400万円
傷害特約保険金額	300万円
災害入院特約［本人・妻型］入院５日目から　日額	5,000円
疾病入院特約［本人・妻型］入院５日目から　日額	5,000円

※不慮の事故や疾病により所定の手術を受けた場合、手術の種類に応じて手術給付金（入院給付金日額の10倍・20倍・40倍）を支払います。
※妻の場合は、本人の給付金の６割の日額となります。
リビング・ニーズ特約

◆お払い込みいただく合計保険料

毎回　××,×××円
［保険料払込方法（回数）］ 団体月払い
◇社員配当金支払方法 利息をつけて積立て ◇特約の払込期間および保険期間15年

飯田雅彦さんが、本年中に交通事故により死亡（入院・手術なし）した場合に支払われる死亡保険金は、合計（ア）である。

1．　3,500万円　　2．　3,900万円　　3．　4,200万円

解答・解説

事故で死亡した場合なので、
500万円＋3,000万円＋400万円＋300万円＝4,200万円が支給されます。

よって…

以下を参考に過去問❶〜❷に挑戦してください。

POINT

「どんな病気・ケガ」で「どんな保障があるか」をしっかり読み取りましょう。

過去問❶（23年1月）

馬場栄治さんが加入している終身医療保険（下記＜資料＞参照）の保障内容に関する次の記述の空欄（ア）にあてはまる金額として、正しいものはどれか。なお、保険契約は有効に継続しているものとする。また、栄治さんはこれまでに＜資料＞の保険から保険金および給付金を一度も受け取っていないものとする。

＜資料＞

保険種類　終身医療保険（無配当）　　保険証券記号番号　△△△－××××

保険契約者	馬場　栄治　様	保険契約者印
被保険者	馬場　栄治　様 契約年齢　45歳　男性	馬場（印）
受取人	〔給付金受取人〕被保険者　様 〔死亡保険金受取人〕馬場　美穂子　様 ＊保険契約者との続柄：妻	

◆契約日
　2016年８月１日
◆主契約の保険期間
　終身
◆主契約の保険料払込期間
　終身

■ご契約内容

給付金・保険金の内容	給付金額・保険金額	保険期間
入院給付金	日額　10,000円 ＊病気やケガで１日以上の入院をした場合、入院開始日を含めて１日目から支払います。 ＊同一事由の１回の入院給付金支払い限度は60日、通算して1,000日となります。	終身
手術給付金	給付金額　入院給付金日額×10・20・40倍 ＊所定の手術を受けた場合、手術の種類に応じて、手術給付金（入院給付金日額の10倍・20倍・40倍）を支払います。	終身
死亡・高度障害保険金	保険金　1,000,000円 ＊死亡または所定の高度障害状態となった場合に支払います。	終身

■保険料の内容

払込保険料合計　×,×××円／月
払込方法（回数）：年12回 払込期月　　　　：毎月

■その他付加されている特約・特則等

保険料口座振替特約
＊以下余白

栄治さんは、本年１月に**くも膜下出血**で救急搬送され、緊急手術（**給付倍率40倍**）を受け、**継続して73日間**入院した。さらに、本年７月に**肺炎で10日間入院**した。支払われる保険金および給付金は、合計（ ア ）である。

1．1,000,000円
2．1,100,000円
3．1,230,000円

解答・解説

・くも膜下出血：入院1万円×60＝60万円（**60日分が限度**）、手術：１万円×40＝40万円
・肺炎：１万円×10＝10万円（くも膜下出血とは**同一の原因ではないため、別カウント**になります）
合計　60万円＋40万円＋10万円＝110万円

よって… 答 2

過去問❷（22年9月）

横川浩さんが加入しているがん保険（下記＜資料＞参照）の保障内容に関する次の記述の空欄（ ア ）にあてはまる金額として、正しいものはどれか。なお、保険契約は有効に継続しているものとし、浩さんはこれまでに＜資料＞の保険から保険金および給付金を一度も受け取っていないものとする。

＜資料＞

保険証券記号番号（○○○）△△△△△　　保険種類　がん保険（愛称　＊＊＊＊）

保険契約者	横川　浩 様	保険契約者印	契約日（保険期間の始期） 2020年８月１日 ◇主契約の保険期間 終身 ◇主契約の保険料払込期間 終身払込
被保険者	横川　浩 様 契約年齢　48歳　男性	横川	
受取人	［給付金］被保険者　様		
	［死亡保険金］横川　里穂 様（妻）	受取割合 10割	

■ご契約内容

主契約 ［本人型］	がん入院給付金	１日目から	日額10,000円
	がん通院給付金		日額5,000円
	がん診断給付金	初めてがんと診断されたとき	100万円
	手術給付金	１回につき	手術の種類に応じてがん入院給付金日額の10倍・20倍・40倍
	死亡保険金		がん入院給付金日額の100倍（がん以外の死亡の場合は、がん入院給付金日額の10倍）

■お払い込みいただく合計保険料

毎回　×,×××円
［保険料払込方法］ 月払い

横川浩さんは、本年4月に初めてがん（大腸がん、悪性新生物）と診断され、がんの治療のために21日間入院し、その間に手術（給付倍率40倍）を1回受け、退院4ヵ月後に肺炎で11日間入院（手術なし）した。本年中に支払われる保険金および給付金は、合計（ア）である。

1．　610,000円
2．1,610,000円
3．1,720,000円

解答・解説

がん：診断100万円、入院1万円×21＝21万円、手術1万円×40＝40万円
肺炎：がん保険なので、対象外
合計　100万円＋21万円＋40万円＝161万円

よって… 答 2

保険証券の読み解き問題は、
1．まず問題文を読み、何が問われているかを把握してから
2．＜資料＞の中にある必要な情報を見つけよう！

※計算自体は簡単なかけ算・足し算ですから、計算ミスだけしないように！

POINT

- 控除の限度と計算方法が異なるため、2012年以降の契約か、2011年以前の契約かを確認しましょう。
- 一般生命保険料、個人年金保険料、介護医療保険料かを確認し、同じ分類であれば合算して計算、別の分類であれば別に計算して合計します。

過去問（21年5月）

浅田和久さんが本年中に支払った生命保険の保険料は下記＜資料＞のとおりである。この場合の和久さんの本年分の所得税の計算における生命保険料控除の金額として、正しいものはどれか。なお、下記＜資料＞の保険について、これまでに契約内容の変更はないものとする。また、本年分の生命保険料控除額が最も多くなるように計算すること。

＜資料＞

［定期保険（無配当、新生命保険料）］
契約日：2012年９月１日
保険契約者：浅田　和久
被保険者：浅田　和久
死亡保険金受取人：浅田　令子（妻）
本年の年間支払保険料：58,320円

［がん保険（無配当、介護医療保険料）］
契約日：2015年３月１日
保険契約者：浅田　和久
被保険者：浅田　和久
死亡保険金受取人：浅田　令子（妻）
本年の年間支払保険料：31,200円

＜所得税の生命保険料控除額の速算表＞
［2012年１月１日以降に締結した保険契約（新契約）等に係る控除額］
○新生命保険料控除、新個人年金保険料控除、介護医療保険料控除

年間の支払保険料の合計	控除額
20,000円以下	支払金額
20,000円超　40,000円以下	支払金額×1/2+10,000円
40,000円超　80,000円以下	支払金額×1/4+20,000円
80,000円超	40,000円

（注）支払保険料とは、その年に支払った金額から、その年に受けた剰余金や割戻金を差し引いた残りの金額をいう。

1．　34,580円　　2．　40,000円　　3．　60,180円

解答・解説

両方とも2012年以降の契約で、新生命保険料、介護医療保険料なので、別に計算して合計します。
58,320円×1/4＋20,000円＝34,580円
31,200円×1/2＋10,000円＝25,600円
合計　34,580円＋25,600円＝60,180円

よって…　答　3

POINT

まずは株式の投資尺度。頭文字が分子です。試験問題の資料から必要な数字を見つけ出せば、あとは簡単な計算だけ！

PER（株価収益率）	株価÷1株当たり純利益	数値が小さい方が割安
PBR（株価純資産倍率）	株価÷1株当たり純資産	数値が小さい方が割安
ROE（自己資本利益率）	純利益÷自己資本×100	数値が高いほど、収益性が高い
配当利回り	1株配当金÷株価×100	−
配当性向	配当金÷純利益×100	数値が高いほど、配当による株主への還元が多い

過去問（24年1月）

下記＜資料＞に基づくWX株式会社の投資指標に関する次の記述のうち、最も適切なものはどれか。なお、記載のない事項は一切考慮しないものとし、計算結果については表示単位の小数点以下第3位を四捨五入すること。

＜資料：WX株式会社に関するデータ＞

株価	2,000円
1株当たり純利益（今期予想）	300円
1株当たり純資産	2,200円
1株当たり年間配当金（今期予想）	30円

1. 株価純資産倍率（PBR）は、1.1倍である。
2. 配当性向は、10%である。
3. 配当利回りは、1.36%である。

解答・解説

1．不適切　PBR（株価純資産倍率）＝株価÷1株当たり純資産ですから
2,000円÷2,200円≒0.91倍

2．適切　配当性向（%）＝配当金÷純利益×100ですから、30円×300円×100＝10%

3．不適切　配当利回り（%）＝1株あたり年間配当金÷株価×100ですから、30円÷2,000円×100＝1.5%

よって… **答 2**

POINT

以下の点を考慮して、資料を読み解きます！

- 個別元本＜分配前の基準価額…含み益がある状態
- 個別元本＞分配前の基準価額…含み損がある状態
- 分配金のうち、含み益の部分は普通分配金（配当所得として課税）
- それ以外の部分は元本払戻金（特別分配金）として非課税、その金額を個別元本から引いた金額が分配後の個別元本

過去問（22年1月）

福岡さんはQS投資信託を新規募集時に1,000万口購入し、特定口座（源泉徴収口座）で保有して収益分配金を受け取っている。下記＜資料＞に基づき、福岡さんが保有するQS投資信託に関する次の記述の空欄（ア）、（イ）にあてはまる語句の組み合わせとして、正しいものはどれか。

＜資料＞

［QS投資信託の商品概要（新規募集時）］

投資信託の分類：追加型／国内／株式／特殊型（ブル・ベア型）
決算および収益分配：毎年４月25日（休業日の場合には翌営業日）
申込価格：１口当たり１円
申込単位：１万口以上１口単位
基準価額：当ファンドにおいては、１万口当たりの価額で表示
購入時手数料：購入金額に対して1.6％（税込み）
運用管理費用（信託報酬）：純資産総額に対し年0.8％（税込み）
信託財産留保額：１万口につき解約請求日の翌営業日の基準価額に0.3％を乗じた額

［福岡さんが保有するQS投資信託の収益分配金受取時の運用状況（１万口当たり）］

収益分配前の個別元本：9,400円
収益分配前の基準価額：10,000円
収益分配金：1,000円
収益分配後の基準価額：9,000円

- 福岡さんが、QS投資信託を新規募集時に1,000万口購入した際に、支払った購入時手数料（税込み）は、（ア）である。
- 収益分配時に、福岡さんに支払われた収益分配金のうち600円（１万口当たり）は（イ）である。

1. （ア）240,000円 （イ）普通分配金
2. （ア）160,000円 （イ）元本払戻金（特別分配金）
3. （ア）160,000円 （イ）普通分配金

解答・解説

（ア）1,000万円×1.6%=16万円

（イ）分配前で600円含み益があり、1,000円の分配金が出ているため、600円が普通分配金として課税、400円は元本払戻金（特別分配金）として非課税となります。

よって… **答 3**

POINT

購入金額は以下の計算式で求めます。

購入金額＝単価×口数＋購入時手数料

※運用管理費用は保有時のコストなので、含めません。

過去問 （23年1月）

下記＜資料＞の投資信託を50万口購入する場合の購入金額として、正しいものはどれか。なお、解答に当たっては、円未満を切り捨てること。

＜資料＞

約定日の基準価額（1万口当たり）19,855円 購入時手数料（税込み）2.20% 運用管理費用（信託報酬・税込み）年0.66%

1． 999,302円
2． 1,014,590円
3． 1,021,142円

解答・解説

19,855円×50＋19,855×50×2.2%≒1,014,590円

よって… **答 2**

POINT

２段階の計算で解答できます。

Step 1 ：外貨での運用後の金額を求める（増える割合は**年利×運用期間**）

Step 2 ：運用後の金額をTTBで日本円に戻す

過去問（22年5月）

下記<資料>の外貨定期預金について、満期時の外貨ベースの元利合計額を円転した金額として、正しいものはどれか。なお、計算結果（円転した金額）について円未満の端数が生じる場合は切り捨てること。また、税金については考慮しないこととする。

<資料>

・預入額：10,000 NZドル
・預入期間：12ヵ月
・預金金利：0.45％（年率）
・為替レート（1 NZドル）

	TTS	TTM（仲値）	TTB
満期時	77.90円	77.40円	76.90円

注：利息の計算に際しては、預入期間は日割りではなく月割りで計算すること。

1．　782,505円
2．　777,483円
3．　772,460円

解答・解説

Step 1 ：10,000 NZドル×（1＋0.0045）＝10,045 NZドル
Step 2 ：10,045 NZドル×76.90≒772,460円

よって… **答 3**

POINT

保護されるものと、されないものを頭に入れておきましょう。

預金保険制度の預金保護

全額保護	決済用預金 （当座預金、決済用普通預金、振替貯金）
１預金者当たり 元本1,000万円までと利子を保護	普通預金、定期預金など
付保対象外	外貨預金など

過去問（22年9月）

広尾さんは、預金保険制度の対象となるHA銀行の国内支店に下記＜資料＞の金融資産を預け入れている。仮に、HA銀行が破綻した場合、預金保険制度によって保護される金額として、正しいものはどれか。

＜資料＞

（単位：万円）

普通預金	360
定期預金	220
外貨預金	120
株式投資信託	280

注１：広尾さんは、HA銀行から借入れをしていない。
注２：普通預金は決済用預金ではない。
注３：預金の利息については考慮しないこととする。
注４：HA銀行は過去１年以内に他行との合併等を行っていないこととする。

1.　580万円
2.　700万円
3.　860万円

解答・解説

外貨預金、株式投資信託は保護されません。360万円＋220万円＝580万円

よって…　答　1

POINT

以下の計算式と、勤続年数による退職所得控除額から資料を読み解きましょう。

退職所得（原則）＝（収入金額－退職所得控除額）×1/2

退職所得控除額

勤続年数	退職所得控除額
20年以下	40万円×勤続年数（最低80万円）
20年超	800万円＋70万円×（勤続年数－20年）

※１年未満の端数は１年に切り上げ

過去問（22年5月）

会社員の飯田さんは、本年中に勤務先を定年退職した。飯田さんの退職に係るデータが下記＜資料＞のとおりである場合、飯田さんの所得税に係る退職所得の金額として、正しいものはどれか。

＜資料＞

［飯田さんの退職に係るデータ］
- 支給された退職一時金：1,800万円
- 勤続期間：23年４ヵ月
  ※１年に満たない月は１年に切り上げて退職所得控除額を計算する。
- 勤務した会社で役員であったことはない。
- 退職は障害者になったことに基因するものではない。
- 前年以前に受け取った退職金はない。
- 「退職所得の受給に関する申告書」は適切に提出されている。

［参考：退職所得控除額の求め方］

勤続年数	退職所得控除額
20年以下	40万円×勤続年数（80万円に満たない場合には、80万円）
20年超	800万円＋70万円×（勤続年数－20年）

1．360万円
2．395万円
3．720万円

解答・解説

退職所得＝｛1,800万円－（800万円＋70万円×４年）｝×1/2＝360万円

よって… 答 1

POINT

減価償却は以下の計算式で求めます。
定額法の減価償却費＝取得価額×定額法償却率×業務供用月数/12
※新たに取得する建物は定額法のみです。

過去問 （22年5月）

飲食店を営む個人事業主の天野さんは、本年11月に器具を購入し、事業の用に供している。天野さんの本年分の所得税における事業所得の金額の計算上、必要経費に算入すべき減価償却費の金額として、正しいものはどれか。なお、器具の取得価額は90万円、本年中の事業供用月数は２カ月、耐用年数は５年とする。また、天野さんは個人事業を開業して以来、器具についての減価償却方法を選択したことはない。

＜耐用年数表（抜粋＞

法定耐用年数	定額法の償却率	定率法の償却率
5年	0.200	0.400

＜減価償却費の計算方法＞
取得価額×償却率×事業供用月数÷12カ月

1. 30,000円
2. 60,000円
3. 180,000円

解答・解説

11月から12月まで2カ月業務の用に供しています。
900,000円×0.200×2/12＝30,000円

よって… 答 1

以下を参考に過去問❶〜❸に挑戦してください。

POINT

総所得金額とは総合課税の合計をいいます。
- 非課税、分離課税を省く（株式、不動産の譲渡所得、退職所得など）
- 損益通算する（損益通算できない損失はゼロとする）
  不動産所得の損失のうち、土地等の取得に係る借入金の利子を除く

バブルの反省から、節税を認めないのです

損益通算後に残った一時所得は２分の１を合算する

たまたまの儲けなので半分！

過去問❶（22年9月）

杉山さんは本年中に勤務先を退職し、個人事業主として美容室を始めた。杉山さんの本年分の各種所得の金額が下記＜資料＞のとおりである場合、杉山さんの本年分の所得税における**総所得金額**として正しいものはどれか。なお、杉山さんの本年中の所得は＜資料＞に記載されている所得以外にはないものとする。

＜資料＞

［杉山さんの本年分の所得の金額］

事業所得の金額	360万円	
給与所得の金額	200万円	（退職した勤務先から受給したもので、給与所得控除後の金額である）
退職所得の金額	100万円	（退職した勤務先から受給したもので、退職所得控除後の残額の1/2相当額である）

1．　660万円
2．　560万円
3．　460万円

解答・解説

退職所得は分離課税、事業所得と給与所得は総合課税です。
360万円＋200万円＝560万円

よって…  2

過去問❷ （23年9月）

大津さん（66歳）の本年分の収入は下記＜資料＞のとおりである。大津さんの本年分の所得税における総所得金額として、正しいものはどれか。なお、記載のない事項については一切考慮しないものとする。

＜資料＞

内容	金額
アルバイト収入	200万円
老齢基礎年金	48万円

※アルバイト収入は給与所得控除額を控除する前の金額である。
※老齢基礎年金は公的年金等控除額を控除する前の金額である。

＜給与所得控除額の速算表＞

給与等の収入金額	給与所得控除額
162.5万円 以下	55万円
162.5万円 超　180万円 以下	収入金額×40％－10万円
180万円 超　360万円 以下	収入金額×30％＋　8万円
360万円 超　660万円 以下	収入金額×20％＋ 44万円
660万円 超　850万円 以下	収入金額×10％＋110万円
850万円 超	195万円（上限）

＜公的年金等控除額の速算表＞

納税者区分	公的年金等の収入金額（A）	公的年金等控除額 公的年金等に係る雑所得以外の所得に係る合計所得金額　1,000万円以下
65歳未満の者	130万円 以下	60万円
	130万円 超　410万円 以下	（A）×25％＋　27.5万円
	410万円 超　770万円 以下	（A）×15％＋　68.5万円
	770万円 超　1,000万円 以下	（A）×　5％＋145.5万円
	1,000万円 超	195.5万円
65歳以上の者	330万円 以下	110万円
	330万円 超　410万円 以下	（A）×25％＋　27.5万円
	410万円 超　770万円 以下	（A）×15％＋　68.5万円
	770万円 超　1,000万円 以下	（A）×　5％＋145.5万円
	1,000万円 超	195.5万円

1.　132万円
2.　150万円
3.　200万円

解答・解説

ここでは以下の計算式を使います。
給与所得＝収入金額－給与所得控除額
公的年金等の雑所得＝収入金額－公的年金等控除額

給与所得も雑所得も総合課税です。
給与所得＝200万円－（200万円×30%＋８万円）＝132万円
雑所得は110万円以内のため、ゼロ（所得金額調整控除もありません）
総所得金額は132万円

よって… **答 1**

過去問③（22年1月）

会社員の大垣さんの本年分の所得等が下記＜資料＞のとおりである場合、大垣さんが本年分の所得税の確定申告をする際に、給与所得と損益通算できる損失の金額として、正しいものはどれか。なお、▲が付された所得の金額は、その所得に損失が発生していることを意味するものとする。

＜資料＞

所得または損失の種類	所得金額	備考
給与所得	800万円	勤務先からの給与であり、年末調整は済んでいる。
不動産所得	▲200万円	収入金額：300万円　必要経費：500万円 ＊必要経費の中には、土地等の取得に要した借入金の利子が50万円ある。
雑所得	▲10万円	副業で行っている執筆活動に係る損失

1．　▲200円
2．　▲160円
3．　▲150円

解答・解説

給与所得、不動産所得、雑所得ともに総合課税の対象です。
不動産所得200万円損失のうち、**50万円は損益通算できず**、150万円の損失が損益通算の対象です。
雑所得の損失は損益通算できません。

よって… **答 3**

POINT

医療費控除の対象・対象外を判定しましょう。
通常の医療費控除（上限200万円）：（医療費－保険金等）－10万円または総所得金額等の５％

対象となる医療費	対象外となる医療費
診療費・治療費 人間ドック・健康診断費用 （重大な疾病が発見され、治療をした場合） 治療のための医薬品購入費 電車、バス等による通院費用	人間ドック・健康診断費用（異常なし） 未払医療費、疾病予防費用、健康増進費用 差額ベッド代 マイカー通院のガソリン代、駐車場代等

過去問（23年9月）

会社員の井上大輝さんが本年中に支払った医療費等が下記＜資料＞のとおりである場合、大輝さんの本年分の所得税の確定申告における医療費控除の金額として、正しいものはどれか。なお、大輝さんの本年中の所得は、給与所得800万円のみであり、支払った医療費等はすべて大輝さんおよび生計を一にする妻のために支払ったものである。また、医療費控除の金額が最も大きくなるよう計算することとし、セルフメディケーション税制（特定一般用医薬品等購入費を支払った場合の医療費控除の特例）については、考慮しないものとする。

＜資料＞

支払年月	医療等を受けた人	内容	支払金額
本年1月	大輝さん	人間ドック代（※１）	8万円
本年5月～6月		入院費用（※２）	30万円
本年8月	妻	健康増進のためのビタミン剤の購入代	3万円
本年9月		骨折の治療のために整形外科へ支払った治療費	5万円

（※１）人間ドックの結果、重大な疾病は発見されていない。
（※２）この入院について、加入中の生命保険から入院給付金が６万円支給された。

1．19万円
2．25万円
3．27万円

解答・解説

人間ドック代、ビタミン剤は対象外です。
（30万円－６万円）＋５万円－10万円＝19万円

よって… 答 1

POINT

所得税額の計算では、以下の計算式を使います。

所得金額－所得控除額＝課税所得金額

家族状況、払った医療費、保険料等を考慮します

課税所得金額×税率＝税額

表を左からA×B－Cのように使います

過去問（23年1月）

落合さんは、個人でアパートの賃貸をしている青色申告者である。落合さんの本年分の所得および所得控除が下記＜資料＞のとおりである場合、落合さんの本年分の所得税額として、正しいものはどれか。なお、落合さんに＜資料＞以外の所得はなく、復興特別所得税や税額控除、源泉徴収税額、予定納税等については一切考慮しないこととする。

＜資料＞

［本年分の所得］
　不動産所得の金額　580万円
　※必要経費や青色申告特別控除額を控除した後の金額である。
［本年分の所得控除］
所得控除の合計額　　130万円

＜所得税の速算表＞

課税される所得金額	税率	控除額
1,000円から　1,949,000円まで	5%	0円
1,950,000円から　3,299,000円まで	10%	97,500円
3,300,000円から　6,949,000円まで	20%	427,500円
6,950,000円から　8,999,000円まで	23%	636,000円
9,000,000円から　17,999,000円まで	33%	1,536,000円
18,000,000円から　39,999,000円まで	40%	2,796,000円
40,000,000円以上	45%	4,796,000円

（注）課税される所得金額の1,000円未満の端数は切捨て

1．900,000円　　2．732,500円　　3．472,500円

解答・解説

課税所得金額＝580万円－130万円＝450万円
所得税額＝450万円×20％－42.75万円＝47.25万円

よって… 答 3

POINT

道路幅員が４ｍ未満の場合、原則、中心線から２ｍの位置が道路境界線となります。

過去問（23年5月）

下記＜資料＞の甲土地の建築面積の最高限度を算出する基礎となる敷地面積として、正しいものはどれか。なお、この土地の存する区域は、特定行政庁が指定する区域に該当しないものとし、その他記載のない条件については一切考慮しないこととする。

＜資料＞

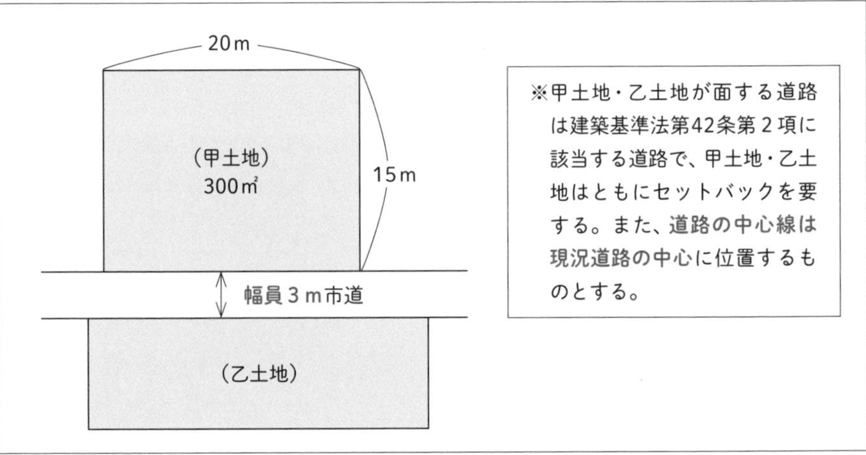
20ｍ
（甲土地）
300㎡
15ｍ
幅員３ｍ市道
（乙土地）
※甲土地・乙土地が面する道路は建築基準法第42条第２項に該当する道路で、甲土地・乙土地はともにセットバックを要する。また、道路の中心線は現況道路の中心に位置するものとする。

1．　260㎡
2．　280㎡
3．　290㎡

解答・解説

道路幅員が３ｍであるため、甲土地、乙土地両方とも奥に向かって奥行き0.5ｍが道路となります。
敷地面積＝20ｍ×（15－0.5ｍ）＝290㎡

よって… 答 3

POINT

建築面積の計算では、以下の計算式を使います。
敷地面積×建蔽率＝建築面積

特定行政庁が指定する角地	10％加算
防火地域内にある耐火建築物等	原則10％加算 建蔽率80％　　100％
準防火地域内にある耐火建築物等 または準耐火建築物等	10％加算

建蔽率の加算は
こうなっています。

過去問 （23年1月）

建築基準法に従い、下記＜資料＞の土地に建築物を建築する場合、その土地に対する建築物の建築面積の最高限度として、正しいものはどれか。なお、記載のない条件については一切考慮しないこととする。

＜資料＞

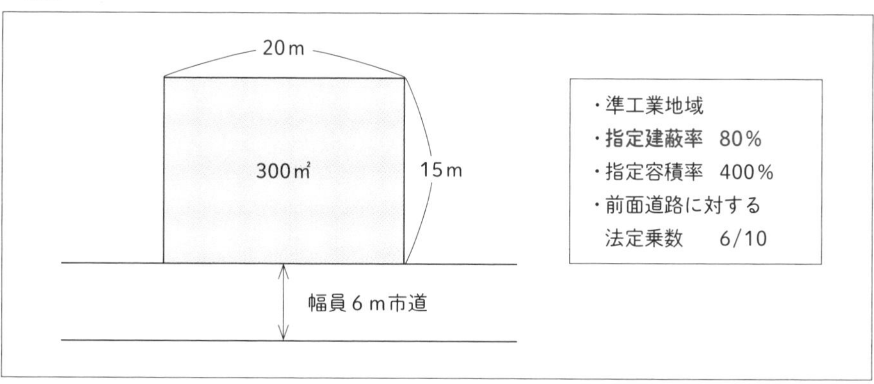

1.　　240㎡
2.　1,080㎡
3.　1,200㎡

解答・解説

300㎡×80％＝240㎡

よって…　答　1

参考：延べ面積＝300㎡×360％＝1,080㎡（次ページ解説参照）

延べ面積の計算もやってみよう！

POINT

延べ面積の計算では、以下の計算式を使います。
敷地面積×容積率＝延べ面積
前面道路幅員（複数あれば最も広いもの）が12m未満である場合、指定容積率または前面道路幅員に応じて計算した容積率（前面道路幅員（同上）×法定乗数）の低い方が適用される。

過去問　（22年9月）

建築基準法に従い、下記＜資料＞の土地に建築物を建築する場合の延べ面積（床面積の合計）の最高限度として、正しいものはどれか。なお、記載のない条件については一切考慮しないこととする。

＜資料＞

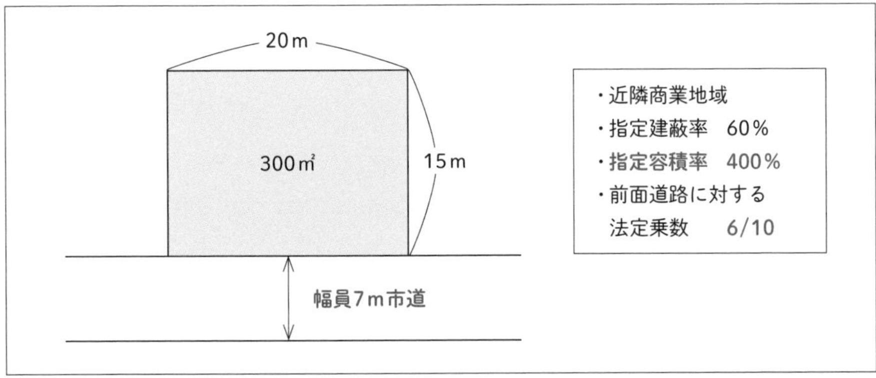

1.　180㎡
2.　1,200㎡
3.　1,260㎡

解答・解説

指定容積率400%、前面道路幅員に応じて計算した容積率（7 ×6/10＝420%）
→400%を適用　300㎡×400%=1,200㎡

よって…　**答　2**

POINT

譲渡所得は、以下の計算式で求めます。
譲渡所得＝収入－（取得費＋譲渡費用）
譲渡年の１月１日時点で５年超は長期、５年以下は短期

過去問（22年9月）

山田さんは、別荘として利用していた土地および建物を売却する予定である。売却に係る状況が下記<資料>のとおりである場合、所得税における次の記述の空欄（ ア ）、（ イ ）にあてはまる数値または語句の組み合わせとして、最も適切なものはどれか。

<資料>

・取得日　　　：2014年1月10日
・売却予定日：2024年9月30日
・譲渡価額　　：3,000万円
・購入価額　　：2,500万円
・取得費　　　：2,000万円
・譲渡費用　　：200万円
※特別控除額はないものとする。
※所得控除は考慮しないものとする。

山田さんがこの土地および建物を売却した場合の譲渡所得の金額は（ ア ）万円となり、課税（ イ ）譲渡所得金額として扱われる。

1．（ア） 300　（イ） 短期
2．（ア） 800　（イ） 短期
3．（ア） 800　（イ） 長期

解答・解説

譲渡所得＝3,000万円－（2,000万円＋200万円）＝800万円
譲渡年の1月1日時点で所有期間が5年超のため、長期譲渡となります。

よって… **答 3**

POINT

「居住用財産の譲渡の特例」の3,000万円特別控除を最後に引くことをお忘れなく！
居住用財産の課税譲渡所得金額
＝譲渡所得＝収入－（取得費＋譲渡費用）－3,000万円

過去問（20年9月）

宮本さんは、20年前に購入し、現在居住している自宅の土地および建物を売却する予定である。売却に係る状況が下記＜資料＞のとおりである場合、所得税における課税長期譲渡所得の金額として、正しいものはどれか。

＜資料＞

・譲渡価額（合計）：7,000万円
・取得費（合計）：2,800万円
・譲渡費用（合計）：200万円
※居住用財産を譲渡した場合の3,000万円特別控除の特例の適用を受けるものとする。
※所得控除は考慮しないものとする。

1．　4,000万円
2．　1,200万円
3．　1,000万円

解答・解説

課税譲渡所得金額＝7,000万円－（2,800万円＋200万円）－3,000万円＝1,000万円

よって… 答 3

以下を参考に過去問❶〜❸に挑戦してください。

POINT

法定相続分の問題は、親族関係図から相続人の優先順位と法定相続分を読み解きます。そのルールは以下のとおりです。

相続人と法定相続分

優先順位	相続人	法定相続分
第１順位	**配偶者と子**	**配偶者 1/2、子 1/2**
第２順位	**配偶者と直系尊属**	**配偶者 2/3、直系尊属 1/3**
第３順位	**配偶者と兄弟姉妹**	**配偶者 3/4、兄弟姉妹 1/4**

同順位の者が複数いる場合は、原則、按分する（例：養子と実子、嫡出子と婚外子等）
相続を放棄した者がいる場合は、相続人ではなかったものとする
相続人となるべき子、兄弟姉妹が既に死亡している場合等は、その子が代襲相続人となる
代襲相続人が複数いる場合は、死亡した者の法定相続分を均等按分する

過去問❶（23年9月）

本年９月２日に相続が開始された鶴見和之さん（被相続人）の<親族関係図>が下記のとおりである場合、民法上の相続人および法定相続分の組み合わせとして、最も適切なものはどれか。なお、記載のない条件については一切考慮しないものとする。

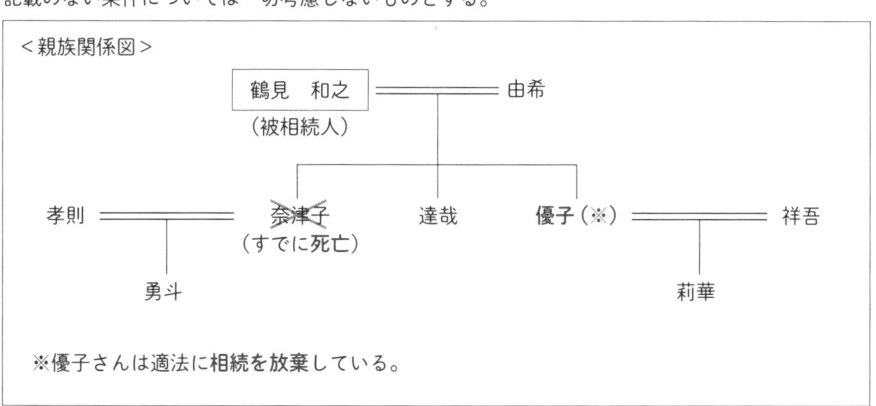

1．由希 1/2　　達哉 1/2
2．由希 1/2　　達哉 1/4　　勇斗 1/4
3．由希 1/2　　達哉 1/6　　勇斗 1/6　　莉華 1/6

解答・解説

配偶者（1/2）と子（1/2）が相続人ですが、奈津子さんは死亡しているため、勇斗さんが代襲相続人となります。なお、優子さんは放棄しているため、代襲相続はありません。以上より、子の法定相続分は奈津子さんと達哉さんが２等分（1/4）し、奈津子さんの法定相続分は勇斗さんが取得します。

よって… **答　2**

過去問❷（23年1月）

本年１月５日に相続が開始された皆川健太郎さん（被相続人）の＜親族関係図＞が下記のとおりである場合、民法上の相続人および法定相続分の組み合わせとして、正しいものはどれか。なお、記載のない条件については一切考慮しないこととする。

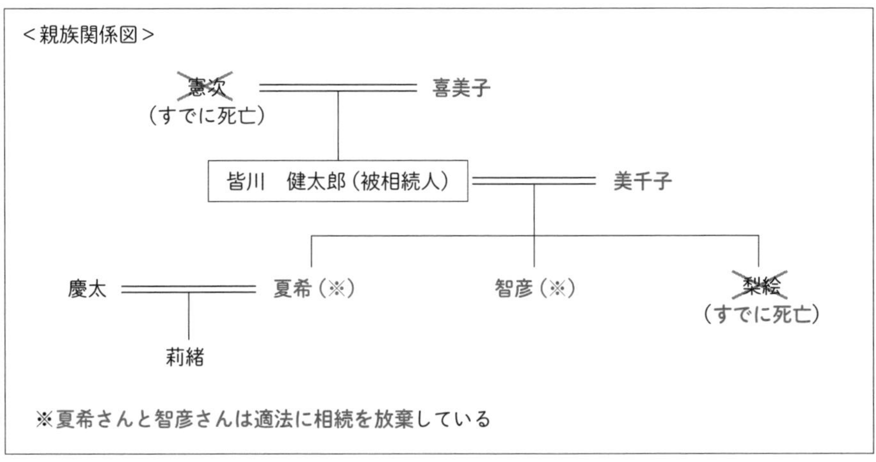

1．美千子 2/3　　喜美子 1/3
2．美千子 1/2　　喜美子 1/2
3．美千子 1/2　　莉緒　 1/2

解答・解説

相続放棄がなければ、配偶者と子が相続人ですが、夏希さんと智彦さんは相続放棄しており、梨絵さんは死亡しており、子もいないため、子がいないものと扱います。したがって、配偶者と直系尊属が相続人となり、法定相続分は美千子さん2/3、喜美子さん1/3となります。

よって… **答　1**

過去問❸ （23年5月）

本年５月２日に相続が開始された最上真司さん（被相続人）の＜親族関係図＞が下記のとおりである場合、民法上の相続人および法定相続分の組み合わせとして、最も適切なものはどれか。なお、記載のない条件については一切考慮しないこととする。

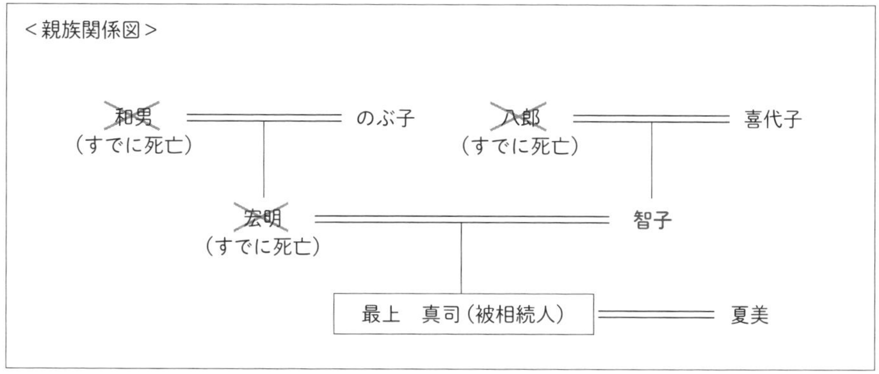

1．夏美 2/3　智子 1/3
2．夏美 2/3　智子 1/6　のぶ子 1/6
3．夏美 3/4　智子 1/12　のぶ子 1/12　喜代子 1/12

解答・解説

子がいないため、配偶者（2/3）と直系尊属（1/3）が相続人となります。
なお、母智子さんがいるため、祖父母は相続人にはなりません。

よって… **答 1**

法定相続分の問題は必ずといっていいほど出題されます。
似て異なる親族関係図のパターンを把握すると自信がつきますよ。

POINT

自用地、借地権、貸家建付地等で評価の計算式が異なります。どのパターンかを確認しましょう。

宅地の評価額（路線価方式）　路線の数値：1㎡あたりの価格（単位：千円）

自用地	自宅敷地、青空駐車場	路線価×各種補正率×面積
普通借地権	土地を 借りる側	自用地価額×借地権割合
貸宅地	土地を 貸す側	自用地価額×（1－借地権割合）
貸家建付地	アパート、貸しビル敷地	自用地価額×（1－借地権割合×借家権割合×賃貸割合）

過去問（20年9月）

下記<資料>の宅地の借地権（普通借地権）について、路線価方式による相続税評価額として、正しいものはどれか。なお、奥行価格補正率は1.0とし、記載のない条件については一切考慮しないこととする。

<資料>

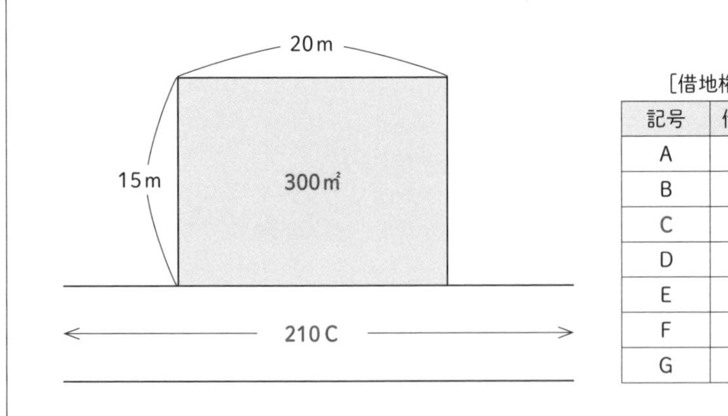

［借地権割合］

記号	借地権割合
A	90%
B	80%
C	70%
D	60%
E	50%
F	40%
G	30%

1.　18,900千円
2.　44,100千円
3.　63,000千円

解答・解説

自用地評価額＝210千円×1.0×300㎡＝63,000千円
普通借地権＝63,000千円×70％＝44,100千円

よって… 答 2

POINT

誰からの贈与であるかで計算方法が異なります。
税率表は**基礎控除110万円を引いてから使います。**

過去問　（23年9月）

長岡さん（35歳）が本年中に贈与を受けた財産の価額および贈与者は以下のとおりである。長岡さんの本年分の贈与税額として、正しいものはどれか。なお、本年中において、長岡さんはこれ以外の財産の贈与を受けておらず、**相続時精算課税制度は選択していないものとする。**

・長岡さんの父からの贈与　現金180万円
・長岡さんの**祖父**からの贈与　現金50万円
・長岡さんの**祖母**からの贈与　現金200万円
※上記の贈与は、住宅取得等資金や教育資金、結婚・子育てに係る資金の贈与ではない。

<贈与税の速算表>

（イ）18歳以上の者が直系尊属から贈与を受けた財産の場合（特例贈与財産、特例税率）

基礎控除後の課税価格	税率	控除額
200万円 以下	10%	－
200万円 超　400万円 以下	15%	10万円
400万円 超　600万円 以下	20%	30万円
600万円 超　1,000万円 以下	30%	90万円
1,000万円 超　1,500万円 以下	40%	190万円
1,500万円 超　3,000万円 以下	45%	265万円
3,000万円 超　4,500万円 以下	50%	415万円
4,500万円 超	55%	640万円

（ロ）上記（イ）以外の場合（一般贈与財産、一般税率）

基礎控除後の課税価格	税率	控除額
200万円 以下	10%	－
200万円 超　300万円 以下	15%	10万円
300万円 超　400万円 以下	20%	25万円
400万円 超　600万円 以下	30%	65万円
600万円 超　1,000万円 以下	40%	125万円
1,000万円 超　1,500万円 以下	45%	175万円
1,500万円 超　3,000万円 以下	50%	250万円
3,000万円 超	55%	400万円

1．　16万円　　2．　38万円　　3．　56万円

解答・解説

長岡さん（35歳）は父、祖父、祖母から贈与を受けているため、（イ）の税率表を使います。180万円＋50万円＋200万円＝430万円の贈与を受けているため、基礎控除後の課税価格は430万円－110万円＝320万円　320万円×15％－10万円＝38万円

よって…　答　2

NOTE

NOTE

Simply and Clearly, One by One